Family Life
家庭生活·系列

明明白白结婚，全面彻底预备！

Preparing for Marriage

婚前预备学习手册

踏上红地毯

[美] 丹尼斯·雷尼（Dennis Rainey） 主编　李瑞萍　译

中国社会出版社
国家一级出版社·全国百佳图书出版单位

图书在版编目（CIP）数据

踏上红地毯 /（美）波伊等著；李瑞萍译 . — 北京：
中国社会出版社，2010. 1（2020.5 重印）
ISBN 978-7-5087-3071-4

I. ①踏… II. ①波… ②李… III. ①婚姻—通俗读
物 IV. ① C913.13-49

中国版本图书馆 CIP 数据核字（2010）第 007328 号

Originally published in the U.S.A.

By Gospel Light Publishers under the title

Preparing for Marriage by Dennis Rainey

copyright © 1977 by FamilyLife

图字：01-2010-0415 号

书　　名：踏上红地毯

主　　编：丹尼·斯雷尼（Dennis Rainey）

合　　著：大卫·波伊（David Boehi）布伦特·纳尔逊（Brent Nelson）
　　　　　杰夫·舒特（Jeff Schulte）劳埃德·沙得拉（Lloyd Shadrach）

插　　图：史蒂夫·比约克曼（Steve Björkman）

译　　者：李瑞萍

责任编辑：魏光洁

出版发行：中国社会出版社　邮政编码：100032

通联方法：北京市西城区二龙路甲 33 号新龙大厦

电　　话：编辑部：58124851　销售部：58124855

开　　本：145mm × 210mm　1/ 32

版　　次：2010 年 3 月第 1 版

印　　次：2020 年 5 月第 4 次印刷

目 录
Contents

引　言

丹尼斯·雷尼

我从阿肯色大学毕业后不久，仍在该校就读的一个好朋友来找我咨询。她当时正在和我最要好的朋友约会。我知道他们之间的情形。她想嫁给他，但是他时冷时热，不确定自己是否愿意和她结合。

基于某些原因，我对他们是否应该结婚抱有疑问。所以，当她征求我的意见时，我给她讲了一个最近听来的小故事。

一个名叫约翰尼的小男孩正在前院玩石子。叔叔驾车过来，决定和他玩几分钟。叔叔把手伸进口袋里，拿出一角硬币和一美元纸币。

他问道："约翰尼，你愿意现在拿到一角硬币，还是下周拿到一美元呢？"

约翰尼眨着天真的大眼睛，在闪闪发亮的硬币和崭新的美元之间看来看去。他想，我要么今天买到一包薯条，要么下周买到一个皮球。他觉得有点饿，所以就拿硬币去买了一些薯条，然后狼吞虎咽地吃了下去。味道好极了！

一周过去了。一天下午，约翰尼出去玩，发现社区的其他孩子手里都有皮球。他也非常想要一个皮球。于是，他骑着自行车

来到叔叔家。约翰尼问道："叔叔，你答应给我的那一美元呢？"

叔叔低头看着他说："约翰尼，上周我答应你，要么当天给你一角硬币，要么一个星期后给你一美元。你已经做出了选择。你现在已经不能拥有这一美元了。"

讲完这个故事，我问这位年轻的女士："你相信上帝的力量吗？他以后会赐给你一个配偶，你爱他会胜过你爱这个小伙子？"

她想了一会儿，点头表示同意。

我说："上帝拥有一切主权。他知道现在和你约会的小伙子是一角硬币，以后他给你预备的是一美元。"

也许你已经猜到了故事的结果。那位年轻的女士——芭芭拉·彼得森——决定不和我最好的朋友结婚。几年过后，她成了我的妻子。直到今天，我还是很难让人相信：那天和芭芭拉谈话时，我真的没有任何别的动机！

我和芭芭拉偶尔会翻出我们结婚时的老照片，注视着照片上那年轻的面容，觉得这真是一件奇妙的事。其中有我们摆好姿势和家人的合影，有我们陈述婚姻誓言的照片，还有我们切蛋糕的照片。

我至今都记得那种如释重负的感觉。我们结婚了！终于结束了！从身体上、精神上和情感上，我们都感到自己完成了一件大事。从订婚到结婚的六周里，我们忙于许多活动，几乎没有休息的时间。

我们是否真的知道自己做了什么？我们是否有一个确保婚姻美满的计划？是否想到自己做出了怎样的承诺，意味着什么？事实上，我们的婚礼并不是订婚的结束，而是开始了崭新的生活。然而，我们几乎都不知道今后的生活会是怎样。我们对婚姻所知甚少。

与许多夫妇一样，我们带着年轻人对婚姻共同的期待和设想，开始一起生活。我们认为自己真的不会有许多问题。我们认识到，建立一个牢固的婚姻关系，需要委身、牺牲和经营。

举一个例子。婚后第一年,我们一起生活在科罗拉多州的玻尔得(Boulder, Colorado)。那里冬天很冷,电热毯是生活的必需品。我记得我们特别喜欢电热毯加热后,钻进温暖、舒适的被窝的感觉。但是,不知道为什么,我们俩谁都不记得在上床之前把灯关掉。我们依偎在一起时,芭芭拉会说:"亲爱的,你关灯了吗?"

于是,我从舒适的床上蹦下来,光着脚在室温12摄氏度的房间里跑个遍,一个接一个地把几乎全是芭芭拉打开的灯都关掉。这种事不常发生,所以我没有介意。直到有一天晚上,我精疲力竭地一头倒在床上昏昏欲睡时,芭芭拉轻轻地戳了我一下,说:"亲爱的,你不准备关灯吗?"

我嘟囔着说:"宝贝,今晚你为什么不能去关灯呢?"

芭芭拉回答:"我想你会关的,因为以前一直都是我的父亲去关灯。"

我恍然大悟,这才明白:在过去的几个月里,我为什么时不时要去挨冻。我立即反击说:"我不是你爸爸!"

那天晚上,我们花了很长时间来讨论彼此的期待:芭芭拉因为她父亲经常做的事而对我有所期待,而我也期待芭芭拉去做某些事。

这个冲突解决起来相对比较简单。就在同一年,随着蜜月的憧憬和激动渐渐褪去,我们开始醒悟并清醒地面对彼此依赖的现实。这时,更加严重的问题出现了。

当我们在一起时,芭芭拉并不沉默。事实上,她说得比我多。但是,当我们去参加宴会或者较大型的活动时,我成为最活跃的人。而她却跟着我走来走去,几乎一言不发。

我记得当时感觉自己仿佛中了圈套。她就像一个附属物一样黏着我。我当初被芭芭拉吸引,就是因为她似乎在某些方面比较擅长,而那恰好是我的弱项。反之亦然。我们可以组合成一个很

好的团队。现在，我觉得她曾经吸引我的那些方面似乎不太一样了。我们的差异如此之大！

同时，芭芭拉也感觉自己落入了圈套，但是我们不再是单身一人了。我们生活在同一个屋檐下。芭芭拉曾经把自己锁在浴室里面苦思冥想：我到底该怎么办？我能不能逃离？

这是我们婚姻旅程中一个重要的岔路口。我们俩不得不在上帝面前就能否接纳对方做出决定。虽然我们如此不同，又都如此不完美，但是，1972年9月2日，我们曾经在牧师面前做出承诺。直到现在，这一承诺仍在耳旁回响。

幸运的是，我们做出了正确的决定。我们知道是上帝呼召我们，让我们在一起，便因着信仰而彼此接纳。虽然我们还没有为婚姻做好准备，但是从一开始就有一个十分重要的真理在掌管我们的婚姻关系：我们都决定与上帝同行，明白他为我们一生所定的旨意，并且是他让我们存在差异！

如今，你正在考虑开始同样的旅程，要么订了婚，要么正在认真考虑婚姻的问题。想到将与某个与众不同的人共度余生，可能会令你很激动。然而，坦率地说，你也可能会有恐惧感。

婚姻关系中可能得到的亲密与合一，是其他任何人际关系都不能企及的。没有任何一种人际关系会面对如此多的调整、困难，甚至是伤害。这些难题你无法躲避。每对情侣的婚姻之旅都是独一无二的。但是，你可以做许多事，为这一趟旅程做好准备。

订婚不只是筹备婚礼，也是为婚姻所做的一项预备。简单地说，《踏上红地毯》这本书的目标，就是为了尽可能地帮助你为婚姻做最彻底、最全面，也是最有深度的预备。事实上，这本书囊括了芭芭拉和我希望我们在举行婚礼之前了解的各种资料。

正如任何可能收获颇丰的旅程一样，婚姻之旅也可能有困难需要克服，有障碍需要绕过。这本书旨在引导你顺利应对这些挑战，并为此做好预备。

学完这本书，预期你将有如下收获：

·你和未婚妻（夫）彼此会有更加深入的认识。这种程度的认识是你未曾想到的，并将从中得到喜乐。

·你会谈论那些从来不想谈，但你知道应该谈论的问题。

·不管是否决定结婚，你将充满信心，态度坚定并有安全感。

·你会操练并应用你们需要的一些基本技能，来建造婚姻。

·你会学到必要的沟通和解决冲突的技巧。

·你会明白婚姻中核心角色的重要本质。

·你会了解上帝所设计的亲密的性关系。

·如果顺利的话，你会与一对辅导夫妇建立联系。他们会在你准备开始婚姻之旅时提供帮助和建议。

我们致力于让你的婚姻美满，所以在写这本手册时，并没有选择一条容易走的路。书中会对你提出一些棘手的问题，并给出一些令你难以接受的建议。你对订婚、婚姻的原有观念会受到彻底的考验。在这个过程中，你会受到挑战，敞开自己，显现真实的自我。

学习这本手册需要你做出一些承诺。你要承诺安排必要的时间以诚实的态度完整地学完这本手册。最重要的是，你要承诺在面临困难时仍然能够完成学习，不轻言放弃。

如果这正是你们所要做的，请在下一页的承诺方框内签字。这个诺言会让你们相信：为了你们将来的婚姻，值得现在接受婚前辅导，值得你们付出最大的努力。

发现、冒险、挑战、亲密、委身、真理……你的头脑中无法想

象，婚姻的路程是多么的难以置信。请准备好，让我们一同欢笑、一同哭泣、一同学习，并且一同经历过去从未体验过人与人的关系所带来的喜乐。

我们的承诺

　　我决定以诚实的态度完整地学完这本婚前预备手册。我会尽最大的努力完成作业，确保这个学习为我最先考虑的项目，即使在学习遇到困难时也会坚持不懈。

　　此项承诺，是我对未婚妻(夫)和将来婚姻所做出的。

姓名＿＿＿＿＿＿＿＿＿＿＿＿　日期＿＿＿＿＿＿＿＿＿＿＿＿＿＿＿

姓名＿＿＿＿＿＿＿＿＿＿＿＿　日期＿＿＿＿＿＿＿＿＿＿＿＿＿＿＿

如何使用本手册

形式

《踏上红地毯》主要由两部分组成：

1.主要课程

本手册一共有六课。在每课中，你会学到许多有关经营婚姻的知识，并和未婚妻(夫)一起将学到的知识应用在你们的关系中。这些课程在本手册的第二部分和第三部分。

在每课中，你会看到以下内容：

了解情况：主题介绍，为你们提供回答问题、完成练习的机会。这些问题和练习可以让你们掌握主题，并明白主题的重要性。

认识真理：学习《圣经》关于婚姻各方面的准则。

准确航行：根据真理绘制婚姻的路线。总结并列出了每一课的重要原则。

情侣活动：每一课的情侣互动部分，由以下单元组成：

- **了解实际情况**：引导你们讨论的问题。

- **进入婚姻核心**：一起祷告，经历属灵管教的时光，这将是今后几年婚姻成长的关键之一。

- **进行深入了解**：自选作业，为积极性较高的情侣设计，进一步学习情侣通常没有了解到的内容。
- **给再婚人士。**

另外，还有几课配有特别内容，能帮助情侣在学习过程中不断深化体验。

2.特别活动

本手册各部分都设计了一些特殊的活动。我们建议你们按照它们在本手册中出现的次序依次完成。这些活动会引导你们展开重要的讨论，并帮助你们彼此更好地了解。

这些活动包括：

- "个人历史记录单"：围绕3个方面的问题，旨在帮助你认识过去，并与未婚妻(夫)进行分享。
- "美好的期待"：会帮助你了解自己在进入婚姻时对婚姻的期盼。
- "评估你们的关系"：会提供一个架构，就你们的关系提出颇具挑战性的问题。
- "纯洁之约"：提供了一个机会，可以帮助你们决定在婚前保持性纯洁。

为了让本次学习得到最大的收益，我们极力建议你们各自准备一本手册。

我们在选择一个词来指代你想嫁(娶)的人时，费了不少周折。为了尽可能地简便，我们选用了"未婚妻(夫)"一词，如"与未婚妻(夫)一起讨论"。我们知道，如果你们还没有决定订婚，也许会感觉这个词有一点奇怪。但我们相信，在你们学习本手册的过程中，一定能够谅解这个词所带来的尴尬。

导师的价值

共同来学习这本手册，这将是一段非常有意义，也很重要的经历。但是，还有一种更好的选择，那就是在导师的引导下完成学习，这将大大提高学习的价值。导师可以是一位牧师、一位辅导老师或一位普通信徒，普通信徒夫妇作为导师更好。我们还写了一本《辅导手册》，里面有辅导老师或导师所需的信息。

你们可能已经与担任本次课程导师的牧师、辅导老师或已婚夫妇见过面了。他们会允许你接近他们的生活，向他们提问。他们会向你展示如何经营一个令人满意的婚姻。这种师生关系对你产生巨大的影响将会超越你在本次课程中所能够学到的。

如果你计划单独完成这本手册，我们建议你考虑找一对你十分敬重的、结婚至少五年的敬虔夫妇，请求他们引导你完成学习。你可以送他们一份《辅导手册》，请他们通过分享为你们未来的婚姻奉献一份力量。

你可以有三种选择来完成本手册每一课的内容。你是否有导师带领，以及他（她）愿意如何辅导你们学完全部课程，将决定你采用哪个选择。

选择一	选择二	选择三
与导师一起学习 讨论材料	独自学习材料， 然后与导师讨论	在没有导师的 情况下学习
1.你俩单独或者几对情侣一同与导师完成每一课的第一部分。 2.与未婚妻(夫)一起完成"情侣活动"部分。 3.与导师见面,讨论需要讨论的问题。	1.各自完成第一部分。 2.与未婚妻(夫)一起完成"情侣活动"部分。 3.与导师见面,讨论两个部分。	1.各自完成第一部分。 2.与未婚妻(夫)一起完成"情侣活动"部分。

所需时间

为了从本手册中得到最大的收益,我们极力建议:

- 安排好时间,如果可能的话,至少在婚礼前四周完成最后一课的学习。

- 安排两周时间学习主要课程。这会让你们有时间完成"情侣活动"部分,消化并吸收自己学到和发现的内容。这也会给你们时间做出决定,解决下一次课程之前的具体问题。

- 在婚礼前至少四个月时开始学习。

我们估计学习每课需要约两小时。一小时让你们各自完成"了解情况"和"认识真理"部分,另一小时用来完成"情侣活动"部分。部分课程需要的时间可能稍长一些。

要安排充裕的时间来完成"特别活动"部分。这些特别活动是本手册的一个重要组成部分,值得你们付出努力! 它们也会提供大量讨论的主题。

根据真正的北方绘制航线

当你拿起指南针，指针箭头指向北方时，实际上并没有指向北极，你知道吗？

在地理学上，北极是地球的极点，是一个永不改变的固定位置。这就是它被称为"真正的北方"的原因。地图绘制者正是从这一固定位置开始绘制地图的。

换句话说，指南针并没有指向真正的北方。相反，它指向一个距离北极约有1300英里的磁场。那里被称为"磁极北方"。

这种情形导致的结果是：所有的飞行员和船长都必须就指南针指向的磁极北方和地图指向的北极不断进行调整。如果旅行初期不能做出调整，即便只有几度之差，最终也会偏离目的地好几百英里。

对于今天要寻求真理的人而言，真正的北方与磁极北方颇具启迪性和象征意义。磁极北方具有欺骗性。指南针的指针指向所谓的北方，这在感觉上是对的，看起来也没错。然而，磁场对指针的引力是不确定的，它不会引导你到达你想去的地方。

关于如何建造稳固婚姻这个问题，你会发现世界上存在许多说法。但是，绝大多数都不可信。在创作本书的过程中，我们一直希望你按照真正的北方来导航：查看地图，考虑自己想去哪里，讨论各种不同的选择，并决定如何航行。

推荐的其他参考资料

在某些"情侣活动"中，加入了"进行深入了解"部分，提供一些附加的活动，有助于深化你们的关系。这一部分建议你们全部

或部分阅读以下图书：

Money Before Marriage, Larry Burkett with Michael E.Taylor, Moody Press, 1991.

Rocking the Roles, Robert Lewis and William Hendricks, NavPress, 1991.

The Tribute and The Promise, Dennis Rainey with David Boehi, Thomas Nelson, 1994.

Staying Close, Dennis Rainey, Word Publishing, 1989.

Intended for Pleasure, Ed and Gaye Wheat, Fleming H. Revell Co., 1981.

我们建议你在开始学习之前找到这些书。你的教会、牧师、辅导老师或导师夫妇可能有这些书，可以找他们借。

婚礼之后

在彼此宣誓之后，还有许多资源可以帮助你们继续建造婚姻。我们建议你们参加为新婚夫妇举办的学习小组或主日学。在这样的小组中，你们可以彼此帮助建造神圣的婚姻，并培养相伴一生的友谊。

家庭生活(FamilyLife)开发了许多学习材料，来帮助你在婚姻关系中继续成长。下面所列的学习资料，你在书店可以买到，也可以从家庭生活(FamilyLife)直接购买。

Building Teamwork in Your Marriage by Robert Lewis

Building Your Marriage by Dennis Rainey

Building Your Mate's Self-Esteem by Dennis and Barbara Rainey

Expressing Love in Your Marriage by Jerry and Sheryl Wunder and Dennis and Jill Eenigenburg

Growing Together in Christ by David Sunde

Life Choices for a Lasting Marriage by David Boehi

Managing Pressure in Your Marriage by Dennis Rainey and Robert Lewis

Mastering Money in Your Marriage by Ron Blue

Resolving Conflict in Your Marriage by Bob and Jan Horner

最后的话

彼此了解，相互敞开，这样令人振奋的经历是婚姻关系中最冒险、却最有价值的收获。但是，约会甚至订婚可能正好相反。

新闻记者悉尼·哈里斯(Sydney Harris)以轻松、真实的笔触写道：

> 这么多婚姻失败，一个主要原因是约会对象与配偶的角色根本不同：约会对象的角色是要讨人喜欢，配偶的角色是要担负责任。不幸的是，最讨人喜欢的人，并不一定是最有责任心的人；而最有责任心的人，通常情况下却不太讨人喜欢。

也许，你认为自己比世界上任何人都了解你的未婚妻(夫)。《踏上红地毯》旨在帮助你加深这样的了解。你们会讨论你们的过去，以及过去对现在的影响，并讨论你们对婚姻的期待、各自的优点和缺点，以及如何协调搭配，等等。

要记住，你正在走向一个毕生的承诺。现在隐藏的一切，无论是什么，最终都将显露出来。在学习过程中，要彼此相悦，共享好时光。在这本手册中你会发现真理，这些真理在你们开始共同生活时，会洒下盼望的亮光。切记，你只是刚刚开始，这次学习会帮助并指导你向正确的方向前进！

第一部分

预备根基

PREPARING FOR MARRIAGE

个人历史 记录单

姓名__________ 年龄__________

未婚妻（夫）的姓名________ 年龄__________

现在的职业________

任职时间长短__________________________

最高学历__________________________________

兴趣和爱好__________________________________

____

是否结过婚？□是　□否　　　多少次？_____

□离婚　　　　　　　　　　　□丧偶

你离婚或丧偶已有多久？______________________

____

今天的你在很大程度上是过去的产物。你和未婚妻（夫）可能并没有试图向对方隐藏自己的过去，但是，你们也许还没有花足够的时间，充分查看过去对你们的影响。

婚姻最容易被低估的影响因素之一是你的家庭。今天绝大多数未婚男女在结婚时都认为，他们的婚姻是两个想成为一体的个人之间的事。然而，事实上，是两个人、两个家庭共同组成了一个新的家庭。你会离开父母，与妻子连合，二人成为一体。但是，过几年你就会知道，原生家庭对你们的新家庭会有不小的影响，要充分认识到这一点，并为此做好准备。

我们估计这项活动至少要花两个小时才能完成，但是你会发现，自己付出的努力是值得的！在完成这项活动的过程中，你们会找到许多宝藏，这会使你们的关系更加丰富。你们也会找到几枚生锈的铁钉，倘若处理不当，就会带来伤害，影响到将来的婚姻。

你要尽可能完整地回答每一个问题，然后与未婚妻（夫）一起分享。如果你们将与导师见面，那么可以在见面之前准备一份做好的问卷。

特别说明：我们建议你在开始有规律的学习之前，先完成这项活动。你们也会在第三课的"情侣活动"中讨论这份记录单的"生命历程"部分。

一、你的浪漫史

你的浪漫故事

1.我们怎样相遇

____

____

____

2.我被她（他）所吸引的方面

____

____

____

3.我们约会已有多久

____

____

____

关于友谊

1. 通常，交朋友对我来说（选择一项）

□ 很容易。

□ 还行，我拿得起、放得下。

□ 是一种挑战，需要许多努力，但是很有满足感，很值得。

□ 令人沮丧，比预想的要痛苦一些。

□ 心不在焉，我从来不曾有过关系亲密的好朋友。

请分享你选择这一项的原因：

____

____

____

2. 与你关系最紧密的两个朋友是谁？是什么令你们的关系非同一般？

____

____

____

他们成为你的朋友有多久？

____

____

____

3. 这些朋友会用哪些词来形容你？写出三至五个词。

____

____

____

4. 描述过去一段严肃的约会经历。简要说明这段经历是如何开始、发展和结束的。

____

____

____

5. 你能否识别出自己与异性的关系中似乎存在一种模式？（例如："我总是很执著，容易受伤"，或者"在男女关系中，总的说来，我是一个更具有牺牲精神的人"。）

____

____

____

给再婚人士

1. 如果你已经离婚，请谈一下：你为什么离婚？离婚的原因是什么？

____

____

____

2.你与先前的配偶是否曾经努力和解？如果你们曾经这样做，
　是怎样和解的？如果你们不曾努力和解，是因为什么呢？

____

____

____

3.你与牧师或辅导老师讨论过吗？他们是否认为你可以再
　婚？写下你们谈话的结论。

____

____

____

4.如果你相信自己已经从过去的婚姻中恢复过来，做好了再
　次进入婚姻的准备，请说出三个理由。

____

____

____

5.如果你对再次进入婚姻感到疑惑，请说出三个理由。

____

____

____

二、你的家庭

家庭环境

1. 在你成长的过程中,家庭的经济状况如何? 现在的情况
   如何呢?

____

____

____

2. 你如何描述在自己成长过程中家庭的情感氛围?

____

____

____

3. 在成长的过程中,你是否曾经受到身体上、情感上、性关系
   上的虐待? 请予以说明。

____

____

____

4.你的家庭经历过哪些创伤、悲剧或经济困难？

____

____

____

5.在回顾自己的家族史时，你是否发现了代代相传的传统？（例如，一个家庭的传统是在艰难的环境中信奉上帝，而另一个家庭的传统则是通过酗酒来回避问题。）

____

____

____

父母

1.你会用什么词来描述父母的婚姻？ 请说出你选用这些词的理由。

____

____

____

2.你的爸爸和妈妈在为人父母方面哪些做得比较好？

爸爸_______________　　　　妈妈_______________

　　　_______________　　　　　　_______________

　　　_______________　　　　　　_______________

3.你希望他们在为人父母方面有哪些改变?

爸爸＿＿＿＿＿＿＿　　　　妈妈＿＿＿＿＿＿＿

＿＿＿＿＿＿＿　　　　＿＿＿＿＿＿＿

＿＿＿＿＿＿＿　　　　＿＿＿＿＿＿＿

4.请描述父母对你最有影响的积极的和消极的方面。

爸爸＿＿＿＿＿＿＿　　　　妈妈＿＿＿＿＿＿＿

＿＿＿＿＿＿＿　　　　＿＿＿＿＿＿＿

＿＿＿＿＿＿＿　　　　＿＿＿＿＿＿＿

5.在家庭中,你的父母分别担当什么角色?

在婚姻关系中,谁做主?

在教养孩子上,谁说了算?

他们如何做出决定?

6. 请用三至五个词描述一下你和父亲的关系，并说出你选择
这些词的理由。

____

____

____

7. 请用三至五个形容词描述一下你和母亲的关系，并说出你
选择这些词的理由。

____

____

____

8. 在哪些方面你像你的父母？

____

____

____

9. 你在哪些方面与父母不同？

____

____

____

10. 你和父母之间有没有尚未解决的问题？ 如果你愿意，请
明确说出这些问题。

____

____

11. 父母对你选择的配偶有何意见？

____

____

____

兄弟姐妹和其他亲属

1. 评估你与每一个兄弟姐妹的关系：

	亲密				疏远
称谓__________	1	2	3	4	5
称谓__________	1	2	3	4	5
称谓__________	1	2	3	4	5
称谓__________	1	2	3	4	5
称谓__________	1	2	3	4	5

2. 你与哪位亲属的关系最亲密？是什么令你们的关系不一般（包括祖父母、姑妈、伯母、舅妈、阿姨、伯父、叔父、姨丈、表兄妹、堂兄妹等）？

____

____

____

三、你的生命历程

如果大致描绘一下自己从出生到今天的生命历程，在你面前便会呈现出一幅类似于地图的画面。这幅画会说明你从哪里开始，一路上在何处转弯，跨越了哪些河流，翻越了哪些高山。它甚至能说明，你在何处驶离正路，发生了事故，或者半路上车胎漏气等。

这项活动旨在帮助你为自己和未婚妻（夫）绘出这幅图。你们都会对彼此经历的重要事件，有一个大致的了解。正是这些事件决定了你们如何看待自己，如何看待周围的世界。对自己及未婚妻（夫）的认识，会使你们彼此之间更加了解和欣赏，使你们的关系更加独特。

14

重要提示

这项练习旨在总结你的人生。你不可能将自己一生中所有的故事都囊括进来。

独自完成自己的生命历程图。在完成的过程中，两人之间不要互相影响。

在完成这幅生命历程图的过程中，未婚男女不要进行讨论。在第三课之前，要对自己的生命历程图保密，届时你们会使用这幅图来操练彼此之间的沟通。

重要事件

回答下面的问题，有助于你找出生活中的重要事件。当你回想自己生活中的每个阶段时，这些题目可以供你思考：

- 你特别喜欢的老师、教练、主日学老师、青年团契的工人，或其他影响你对自己及世界看法的人；
- 家庭事件或关系：假期、悲剧性事件、搬迁、与兄弟姐妹的关系和秘密；
- 各种兴趣和爱好、休育运动、其他活动（弹钢琴、打网球等）；
- 最好的朋友，约会；
- 曾经做出的好的和不好的决定；
- 信仰的高潮和低潮；
- 已经完成的目标和没有完成的目标；
- 你曾经做过的工作。

出生至小学期间

1. 请列出这段时期发生的，如今在你的记忆中仍然栩栩如生的至少三件事。

____

____

____

初中至高中期间

2. 请列出这段时期影响你生命的至少五件事/五个情形/五段经历。

____

____

____

高中毕业至现在

3. 至少列出这段时期使你的"生命发生改变"的五件事（情形或经历）。

____

____

____

将重要事件转换为里程碑

现在，你将把这些重要事件转换成自己生命历程图中的"里程碑"。里程碑会告诉你，你现在置身何处，已经走了多远，前面还要走多远。从第一项中选择你想在自己的生命历程图中画上的重要事件，并将它们分别画在适当的位置。

请参照18页的样本描绘自己的生命历程图。记住下列重要事项：

- 这样做并不是为了详尽地罗列自己的过去，而是为了能够简明地对你生活中发生过的重要事件以及这些事件对你的影响，有一个总体的认识。

- 线是情感中立线。发生在中立线右边的事件是你认为对自己的生命非常有意义的事件（情形、经历）。发生在中立线左边的事件是你认为非常艰难或者非常麻烦的事件（情形、经历）。

- 所有人在生活的浪花中都会经历高潮和低潮。在中线左边和右边的点并不能表明你生命的价值和质量。它们只是指出你生命中发生过的一些重要事件，并说明你是如何看待它们，以及它们是如何影响你的。

（请绘出 7 至 12 个里程碑标志点。）

生命历程图

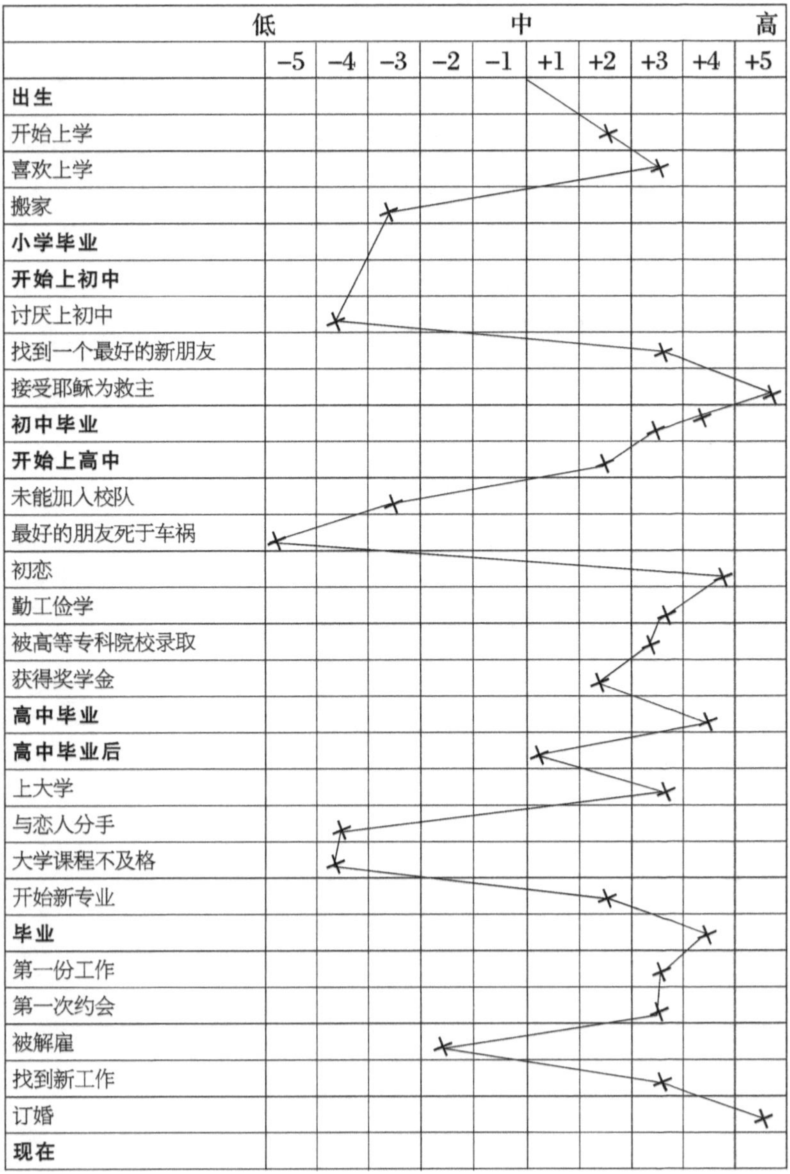

	低					中				高
	−5	−4	−3	−2	−1	+1	+2	+3	+4	+5
出生										
开始上学							X			
喜欢上学								X		
搬家			X							
小学毕业										
开始上初中										
讨厌上初中		X								
找到一个最好的新朋友								X		
接受耶稣为救主										X
初中毕业								X		
开始上高中							X			
未能加入校队			X							
最好的朋友死于车祸	X									
初恋									X	
勤工俭学								X		
被高等专科院校录取								X		
获得奖学金							X			
高中毕业									X	
高中毕业后						X				
上大学								X		
与恋人分手		X								
大学课程不及格		X								
开始新专业							X			
毕业									X	
第一份工作								X		
第一次约会								X		
被解雇				X						
找到新工作								X		
订婚										X
现在										

你的人生地图

	低				中				高	
	−5	−4	−3	−2	−1	+1	+2	+3	+4	+5
出生										
小学毕业										
开始上初中										
初中毕业										
开始上高中										
高中毕业										
高中毕业后										
现在										

特别提示

我们建议你在开始常规课程之前，先完成这项活动。

有许多期待非常简单，以至于我们意识不到它们的存在。然而，它们每天都在影响我们的行为，影响我们待人接物，并影响我们对不同情形的反应。

每个人在进入婚姻时都会有一系列期待，我们对如何生活、行事和互动有自己的设想。这些期待既包括日常事务，也包括意义比较深远的问题——从如何分配夫妻双方在家庭中的责任，到决定谁在家里担任属灵领袖等。

在这些期待中，有许多并不一定就是好的或就是坏的，只是你

的期待和未婚妻（夫）的期待可能有所不同。对大多数已经订婚的未婚男女来说，要接受的挑战就是分辨出那些将来可能给你们带来冲突的期待。

例如，诺曼·莱特（H. Norman Wright）在《幸福婚姻圣经》（*Communication: Key to Your Marriage*）一书中写道：

> 有太多的情侣在进入婚姻时，被不现实的期待所蒙蔽。他们相信，高水准的、罗曼蒂克式的爱情，应该是婚姻关系的主要特征。正如一个年轻人所说："我希望婚姻能够满足我所有的愿望。我需要有安全感，需要有人照料我，激发我的智慧，需要马上有经济保障……但是，事情并不是这样！"人们在婚姻中寻找某种"魔法"。但是，魔法并不能使婚姻正常运转，而努力经营却可以做到这点。

隐藏起来的期待会破坏婚姻。没有得到解决的期待通常会带来要求，要求则带来操纵。一方操纵另一方，来满足他（她）的期待，另一方则会尽量回避。这就会不可避免地导致婚姻关系的疏离，为了控制对方，双方都玩起了荒诞却很危险的游戏。

你们对婚姻的许多期待要等到婚后才会渐渐显露出来，所以现在讨论这些期待具有重要意义。在讨论的过程中，你们应该学习如何处理双方的不同期待，这样，婚姻就不会给你们带来失望和幻灭。

幻想和现实

我们的一些期待建立在对浪漫关系和婚姻的幻想上，因为我们的文化经常倡导这种幻想。下面的例子说明人们对婚姻抱有的不切实际的幻想。几年前，一位著名的音乐家出现在电视台的一次脱口秀节目中。被问及几年前他那场糟糕的婚姻时，他说，他结婚是因为不愿意面对自己吸毒和酗酒的嗜好。他说："当时结婚是因为我认为自己会很快乐，但是，我仍然每天吸许多可卡因，每天喝一瓶威士忌。一切都没有改变！"

像许多正在考虑结婚的人一样，这位音乐家也有这样的幻想：婚姻会解决他所有的问题。他以为婚姻会给他带来快乐、平安和力量，婚姻会拿走自己在酒精和毒品方面存在的问题。

1. 你对以下陈述有什么看法？

 a."婚后，爱和激情的感觉永远都不会减弱。"

 b."婚后的生活会同婚前一样激动人心。"

 c."如果我结了婚，就再也不会感到孤独了。"

 d."配偶会满足我的一切需要。"

 e."如果结了婚，我就能帮助配偶成为一个更好的人。"

这里的每句话都含有一定程度的真理。但是，这些信念很快就会导致失望和幻灭。也许你很难相信，婚后那种爱和激情的感觉会有所降低，生活并不常常激动人心。请记住，你们曾经发誓："无论是健康还是疾病"，都要彼此关心照顾。

2. 这些对婚姻的想象，哪项符合你们的情况？

指导原则

当你们开始辨识并讨论你们的期待时，《腓立比书》二章3-4节提供了一项原则，可以指导你们的态度。

> 凡事不可结党[也指"不要有自私的动机"。——译者注]，不可贪图虚浮的荣耀；只要存心谦卑，各人看别人比自己强。各人不要单顾自己的事，也要顾别人的事。

完成下列句子：
当我的某个期待不能满足时，我应该……

____

____

____

从根本上说，基督徒的生活是一种以他人为中心，而非以自我为中心的。我们生活的目标是要满足他人的需要。这意味着我们许多合理的期待，必须常常为了他人的需要而放在一边。这就是基督所说"舍己"的意思。

讨论期待

独自完成你的"美好期待"部分的调查表，然后与未婚妻（夫）一起讨论你的答案。这里有一些建议，供你们讨论时参考：

• 分辨期待的源头：它源于我的生长环境、所受的教育、文化，还是我的个性？

- 讨论这个期待为什么对你来说很重要，以及比较容易满足这一期待的方式。
- 一起解决：
  （a）这个期待可以被未婚妻（夫）接受，并得到满足的方式；
  （b）如何调整这一期待，使之成为合理期待；
  （c）如何放弃这个期待，因为它不现实。

这项活动，可能像在挖掘一座宝矿。为了得到几盎司的黄金，你可能需要挖出成吨的泥土。但是，那些昂贵的金矿石，很值得你付出这样的努力去寻找。我们的期待也是这样。由于我们有许多内心的期待，会随着时间的推移或环境的影响而被藏在深处，因此，我们必须努力发掘。本活动就是帮助你来发现这些宝藏的。

在完成这项活动的过程中，你们将做成两件事。首先，在抱有合理期待的许多领域，你们的差距将会缩小。其次，当你们辨识出一些不现实的期待需要放弃时，将一起填补彼此间的差距。

在下列各项中，写出你对婚姻的具体期待。写下你对每一项的真实感觉，而不是你未婚妻（夫）想听到的话。回答所有的问题。回答越具体、越诚实，你就会发现越多的金子。

婚姻关系

1.婚后,你将如何做决定?

____

____

____

当你发现自己持有异议时,你会怎么做?

____

____

____

2.当你生病时,你希望得到多少同情和关注? 得到别人的照料,你的看法和感觉如何?

____

____

____

3.婚后,你希望有多少时间和朋友们在一起?

____

____

____

4.婚后,你会如何处理与异性的关系?

____

____

财务管理

1. 谁是家庭的主要经济来源？

2. 你是否希望夫妻双方在职业上都有所发展？如果是，要多久？

3. 你会如何做出重要的采购决定？

4. 谁负责付账？谁保管存折？

5. 你对捐赠和施舍（给教会或其他慈善机构）持什么态度？在这个方面，你将做何决定？

6.你们对信用卡的使用持什么观点？

住房问题

1.你想在哪里生活？

你想在什么样的环境中生活(例如,城市、郊区、小镇、乡村、平原、山区、沙漠、海边等)？

2.你想住单元住宅,还是独栋住宅? 你想租房,还是买房?

3.你期望婚后五年,你们能达到什么样的生活标准？

4.你期望婚后多久可以适度地装修房屋?"适度装修"对你来
  说,意味着什么?

____

____

____

家务管理

1.谁来准备一日三餐? 你想吃什么类型的食物?

____

____

____

2.家庭用餐时间对你来说有多重要? 为什么?

____

你多久外出吃饭一次?

____

____

____

3.你希望家里整洁到什么程度?"整洁"对你来说意味着什么?

____

____

____

4. 谁会负责下面的家务?

    洗衣、熨衣＿＿＿＿＿＿＿＿＿＿＿＿＿＿＿＿＿＿＿＿＿

    采购日用品＿＿＿＿＿＿＿＿＿＿＿＿＿＿＿＿＿＿＿＿＿

    汽车保养＿＿＿＿＿＿＿＿＿＿＿＿＿＿＿＿＿＿＿＿＿＿

    住宅修缮和庭院工作＿＿＿＿＿＿＿＿＿＿＿＿＿＿＿＿

    住宅总体清洁＿＿＿＿＿＿＿＿＿＿＿＿＿＿＿＿＿＿＿

    浴室清洁＿＿＿＿＿＿＿＿＿＿＿＿＿＿＿＿＿＿＿＿＿＿

    铺床＿＿＿＿＿＿＿＿＿＿＿＿＿＿＿＿＿＿＿＿＿＿＿＿

5. 你希望家里养宠物吗? 如果是,养什么宠物?

＿＿＿＿＿＿＿＿＿＿＿＿＿＿＿＿＿＿＿＿＿＿＿＿＿＿＿＿＿＿

＿＿＿＿＿＿＿＿＿＿＿＿＿＿＿＿＿＿＿＿＿＿＿＿＿＿＿＿＿＿

＿＿＿＿＿＿＿＿＿＿＿＿＿＿＿＿＿＿＿＿＿＿＿＿＿＿＿＿＿＿

养育孩子

1. 你对孩子的态度是什么?

＿＿＿＿＿＿＿＿＿＿＿＿＿＿＿＿＿＿＿＿＿＿＿＿＿＿＿＿＿＿

＿＿＿＿＿＿＿＿＿＿＿＿＿＿＿＿＿＿＿＿＿＿＿＿＿＿＿＿＿＿

＿＿＿＿＿＿＿＿＿＿＿＿＿＿＿＿＿＿＿＿＿＿＿＿＿＿＿＿＿＿

2. 你打算什么时候开始要孩子? 你想要几个孩子?

＿＿＿＿＿＿＿＿＿＿＿＿＿＿＿＿＿＿＿＿＿＿＿＿＿＿＿＿＿＿

＿＿＿＿＿＿＿＿＿＿＿＿＿＿＿＿＿＿＿＿＿＿＿＿＿＿＿＿＿＿

＿＿＿＿＿＿＿＿＿＿＿＿＿＿＿＿＿＿＿＿＿＿＿＿＿＿＿＿＿＿

3.如果你不能有自己的孩子,怎么办?

4.你对堕胎的看法是什么?

5.你对避孕的看法是什么?

6.主要由谁来养育、照料孩子?

7.你会怎样管教孩子? 你计划怎样分担责任?

社会/娱乐活动

1.你想多久邀请别人上你家一次？

你希望怎样招待他们？（例如，正式宴请，还是便餐？奢侈的晚会，还是简单的晚会？）

2.你多久会相约外出一次？

3.在你们的生活中，电视将扮演什么角色？你的指导原则是什么？

电影呢？

4.婚后,你的朋友圈子会发生什么变化?

____

____

____

5.你个人还将定期从事哪些个人爱好和娱乐活动?

____

____

____

你们一起呢?

____

____

____

你们将多久参加一次这些活动?

____

____

____

6.你对在家喝酒有何看法?

____

____

____

节日/假期/特别的日子

1. 你将在哪里过圣诞节、感恩节和复活节?

你将如何做决定?

2. 你期待如何庆祝节日?

3. 你将在休假时做什么?

4. 你准备怎样庆祝生日和结婚纪念日?

5.在以下各种场合,你准备花多少钱给家人、朋友和配偶买礼物?

	家人	孩子	朋友	配偶
生日				
圣诞节				
婚礼				
纪念日				

6.你将怎样度周末?

____

____

____

父母和其他亲属

1.你认为婚后你和父母的关系会有什么改变?

____

____

____

2.你计划与父母和岳父母(公婆)待多长时间?

____

____

3.你觉得哪些亲属（兄弟姐妹、姑妈、伯母、舅妈、阿姨、伯父、叔父、姨丈、表兄妹、堂兄妹）会出现在你的婚姻和家庭生活中？他们将以什么方式出现？

4.你希望你们的父母会怎样参与你们孩子的生活？

如何实现这一点？

5.婚后,你希望与父母和岳父母(公婆)有什么样的关系？

性生活

1.婚后第一年,你期望你们多长时间过一次性生活？

2.你对蜜月期的性关系有哪些期待？

____

____

____

3.配偶若不时地拒绝你过性生活的要求，你会有什么样的感觉？

____

____

____

4.在妻子月经期间，性生活该怎么办？

____

____

____

给再婚人士

婚姻

1. 检查下列各项内容,问问你自己:我还有哪些过去的婚姻留下了的期待没有讨论过? 换句话说:我期待这次婚姻中的哪些方面与过去的婚姻有所不同?

   婚姻关系

   ____

   ____

   ____

   财务管理

   ____

   ____

   ____

   住房问题

   ____

   ____

   ____

   家务管理

   ____

   ____

   ____

养育孩子

社会/娱乐活动

属灵生活

节日/假期/特别的日子

父母和其他亲属

性生活

2.如果你的未婚夫（妻）由于财务、事业、亲戚或子女等问题
需要和以前的配偶联系，你希望如何处理这种情况？

____

____

____

孩子（如果适用）

1.你期望新配偶与自己的孩子有什么样的关系？

____

____

____

2.你期望自己与新配偶的孩子有什么样的关系？

____

____

____

3.孩子如果想见自己从前的亲属时，你将如何处理此事？

____

____

____

4.在管教孩子方面，你需要培养什么原则？

____

____

5.你若与前配偶因如何抚育孩子产生了分歧,将如何处理?

6.在抚育孩子方面,你有哪些经济负担? 准备如何处理?

7.你还准备生养孩子吗? 什么时候? 准备生养几个?

第二部分

奠定根基

PREPARING FOR MARRIAGE

女人嫁给哪个男人，以及嫁给他的理由，对这世界上的人来说，总是一个奇迹和奥秘。

——亨利·华滋华斯·朗费罗

（Henry Wadsworth Longfellow）

为什么结婚

⊸ 正确方向 ⊶

婚姻是上帝的心意

你为什么想结婚

这个问题听起来很简单，然而，你的回答却充分表明，你对自己正在考虑的这项委身了解多少。

罗马哲学家塞内加（Seneca）如此写道："如果顺风而行，那么你必须知道自己将驶向哪一个港口。"今天，我们文化中出现的问题是：在谈到婚姻时，许多情侣选择驶向错误的港口：

理想主义的港口——"如果我结了婚，直到生命的最后一刻，我都会很快乐。"

彼此相伴的港口——"想到余生将一个人度过，我实在无法忍受。"

性满足的港口——"婚姻意味着我可以随时享受性的快乐，却从来不会感到内疚或恐惧。"

社会认可的港口——"我的家人和朋友不断问我：'你什么时候才会安定下来结婚呢？'"

决定驶向哪个港口，是你在考虑婚姻时应该做出的首要决定。

阅读下面的案例，然后回答问题。

案例：鲍伯和雪莉的故事

第一幕：不可思议的相遇

谁会想到喜欢户外活动的运动员鲍伯，竟然会和雪莉这样一个精致的南方女子陷入爱河呢？在科罗拉多州的落基山脉深处，他们在一次单身滑雪营会中相遇。鲍伯看到雪莉的那一刻，就接近她，邀请她出来。他的大胆激发了雪莉的兴趣，她欣然应允。

在这一周余下的时间里，他们俩开始互相吸引。他们一起滑雪，一起进餐，一起品尝热巧克力，并讨论他们能想到的一切。一切都是这样自然、随意，好像他们真的很般配。

鲍伯和雪莉过去都曾经与许多人约会过，但是他们知道这一次不太一样。从营会回去后，他们回到相距200英里之遥的各自的家里。鲍伯与人合伙经营一家园艺设计公司，雪莉做药品销售。但是，在接下来的几个月，他们相互打电话，为此花了不少钱。他们会花几个小时的时间讨论各自的生活及对对方的感觉。他们会定期给对方写信，通常还会寄一份有创意的礼物。之后的几个月，他们尽可能一起打发时间。

第二幕：正式确定关系

鲍伯和雪莉很自然地开始考虑婚姻的问题。他28岁，她26岁，他们觉得确定关系的时候到了。

鲍伯认为，最重要的事就是知道未来的新娘能否跟自己融洽。他想找一个富有吸引力，在一起能很开心的妻子：喜欢钓鱼，愿意给丈夫自由，让他和伙伴们在一起。她还会烹饪，能把家里收拾得整齐利落。

雪莉对婚姻和未来的配偶也有所期待。她梦想中的婚姻，是与自己所爱的人一起享受一次美妙而浪漫的探险。他很敏感，富有魅力，具备良好的组织能力，又愿意分担家庭责任。他会表达自己的感觉，是一个很好的听众，会给她提供安全感。他也会像她一样喜欢孩子，会是一个慈爱、体贴的好父亲。

因为鲍伯和雪莉相互都有强烈的好感，所以他们在约会期间，都非常愿意取悦对方。当鲍伯和雪莉聊天时，除了讲自己的成功，也会提及他的挣扎和疑惑。他会很敏感，风度翩翩，言语既浪漫又富有创意。他真的十分留意去聆听雪莉所说的一切。他甚至带她上剧院，这是她所喜欢的。雪莉想："这就是我梦想中的好男人。我们很般配。"

雪莉小时候从来没有钓过鱼。但是现在，她发现自己会在湖边过周末，会和鲍伯一起钓鱼。她会去观看他的垒球比赛，甚至在

看电视时为鲍伯最喜欢的篮球队喝彩。当他们在一起时，一切都似乎很有趣。当鲍伯吃到雪莉做的饭时，简直太合自己的胃口了。他想："这个女人在许多方面都和我很像，她也喜欢为我做事。"

当然，没有哪两个人天生一样，鲍伯和雪莉也是这样。他们的家庭背景非常不同。鲍伯的父亲是一个汽车修理工，母亲是一个女招待。雪莉的父母离婚了，但父亲是一位富有的律师，能够充裕地供养她们。在拜访彼此的家人时，他们都感到不安，最明显的差异是他们的社会经济背景。

鲍伯是一个爱热闹的、外向的男人，他喜欢周围有许多人。雪莉则矜持得多，她喜欢和几个好友一起共度时光。在一大群人中间，她会感觉不舒服。休息放松时，雪莉喜欢阅读，鲍伯却喜欢看电视。

雪莉对他们在宗教信仰上的差异感到有些烦恼。她定期去教会。信仰上帝对她来说很重要。鲍伯说，他从来不喜欢教会，也从不主动去教会。但是，当他周末拜访雪莉时，也很喜欢陪她一起去教会。这给了雪莉一个盼望，觉得鲍伯最终会改变。她想，综合考虑这一切，我们似乎很合适。

他们厌倦了单身的生活，开始想有一个自己的家。事实上，他们只是无法忍受彼此分开。他们不能想象没有对方的生活会怎么样。所以，在他们相识五个月后，他们决定结婚。

从订婚到结婚有四个月，正好有充足的时间安排婚礼。最后的几周非常忙乱，连最后一分钟都在做准备，他们感到疲惫不堪。但是，大喜的日子终于到了。婚礼在稀里糊涂中进行着，突然间，他们发现自己在陈述誓言："直到死亡将我们分开。"

他们启程外出度蜜月，从此以后，过上了幸福的生活。

1.你对鲍伯和雪莉的结婚决定有何看法?他们的决定明智吗?为什么?

____

____

____

2.如果鲍伯和雪莉向你询问:"你觉得我们做好结婚的准备了吗?"你将如何回答?

____

____

____

3.他们结婚的理由是什么?这些理由是否正当?请分别说明原因。

____

____

____

事实上,鲍伯和雪莉也许非常般配,但他们决定结婚也许稍显仓促。他们结婚时总共才认识六个月,而且绝大多数时间都相距200英里之遥。他们陷入了情感的漩涡,在决定委身之前,没有解决一些重要的问题。

首先，他们彼此的了解还不够。他们的家庭背景迥然不同。事实上，雪莉父母的离婚意味着，在她成长的环境中缺少一个建造成功婚姻的好榜样。他们没有讨论过自己的哲学或宗教立场，在较深层次的问题上评估一下彼此是否和谐。此外，他们对婚姻的期待也不同。实际上，当他们走近婚姻时，似乎持有不同的目标。

从某种意义上说，他们在一无所知中开始了婚姻。今天有许多情侣都是这样。作家芭芭拉·达福·怀特海德（Barbara Dafoe Whitehead）曾经评论道："人类花费很长时间，形成了一种被称为婚姻的文化制度，将男人和女人在彼此接纳、忠诚和合作的关系中连接在一起。"这听起来似乎很有逻辑，但是要记得一件事：婚姻并不是人的设计，是上帝在人类之初设计的。

在这一课你会发现，当开始婚姻之旅时，唯一安全、稳固、明智的港口只有在三位一体的上帝及其话语中才可以找到。上帝创造了婚姻，并不仅仅是为了给男人和女人配对。要想找到"为什么有婚姻？"这个问题的答案，我们就必须回到婚姻的源头，回到关于世界之初的《创世记》中。在那里，我们会发现上帝对婚姻的旨意和计划。

第一个目的：彼此成全

在《创世记》二章18节，我们读到了上帝在造人之后的故事。"耶和华神说：'那人独居不好，我要为他造一个配偶帮助他。'"

到目前为止，上帝看着一切所造的都是好的。然而在这里，上帝却自己宣告，有些事不太好。事实上，上帝宣告的是"亚当独居不好"。

1.你认为亚当独居不好的原因是什么？

____

____

____

在园子里，亚当与上帝同行，与上帝谈话。然而，这还不够。上帝在亚当里面创造了一种无助，上帝的同在并不能满足亚当这种独特的需要。亚当在全然的完美中经历上帝，然而亚当是孤独的。

2.继续阅读《创世记》，请留意：为了解决亚当的问题，上帝做了什么？

"耶和华神用土所造成的野地各样走兽和空中各样飞鸟都带到那人面前，看他叫什么。那人怎样叫各样的活物，那就是它的名字。那人便给一切牲畜和空中飞鸟、野地走兽都起了名。只是那人没有遇见配偶帮助他。耶和华神使他沉睡，他就睡了；于是取下他的一条肋骨，又把肉合起来。耶和华神就用那人身上所取的肋骨造成一个女人，领她到那人跟前。"（《创世记》二章19-22节）

a.你认为亚当为什么不能找到一个合适的配偶？

□没有一种动物懂足球。

□亚当气喘如牛，却追不上兽群。

□亚当对大猩猩感兴趣，但是大猩猩的呼出的气息足以剥开香蕉皮。

□亚当与许多男人一样，可以自由选择。

□上帝向亚当表明，他需要一个配偶。

□其他

　　b. 亚当需要一个伴侣。针对这一需要，上帝做了什么？

　　针对亚当的需要，上帝的解决方案是"给他造一个配偶，来帮助他"。需要注意，"帮助者"并不是"仆人"，这很重要。在摩西写下这段话的年代里，把女人看作帮助者，有悖于当时普遍轻看女性的文化。他称呼她的名字，与《旧约》中几处描述上帝自己时使用的名字一样（参见《诗篇》三十篇10节，五十四篇4节）。这样做其实提升了女性的价值和作用。上帝对亚当有一个计划。可他若没有配偶，就是不完全的，便不能完成这个计划。这里称为"帮助者"，是对对一个简单的事实进行了强调：亚当需要夏娃。

　　同时，也要注意，这段内容并不意味着：所有未婚、没有配偶的人就是不完整的。所有人都是照着上帝的"形像"造的，当我们顺服上帝对我们一生的旨意和计划时，便会荣耀上帝。毕竟，耶稣也是单身的。但是，上帝有权力按照自己的时间将丈夫和妻子带到一起，让他们彼此成全，去完成他们独自一人不能完成的事。

　　当上帝呼召你结婚时，他会给你一个配偶。这个配偶会按着上帝的旨意，使你完全。与单身相比，你们在一起会更加强壮，更有力量。大多数幸福的已婚夫妇都可以举出具体的例子，说明上帝是如何使他们配合的。例如：

- 丈夫以人为中心，妻子以任务为中心（反之亦然）。他帮助她与其他人建立关系，而她则帮助他关注他们需要完成的任务。

• 他的生活节奏很快，而她内置的生物钟却使她行事缓慢。他帮助她按时参加会议，她则帮助他停下来闻一闻花香。

上帝以自己的智慧将两个人带到一起，让他们彼此平衡，弥补各自的缺乏。作为一个团队，他们会比个人更加强壮。他们虽是两个相互独立的个人，却选择了彼此依存。

3.当你查看自己与未婚妻（夫）的关系时，你们在哪些方面……

相似   不同

_______________________   _______________________

_______________________   _______________________

4.有哪些差异和弱项因为你们的组合而变得更强了？

____

____

____

5.一对情侣如果不能将彼此的差异看作是上帝对他们婚姻的旨意和计划，随着时间的流逝，这些差异会给他们的关系带来怎样的挑战？

____

____

____

对上帝做出的承诺——认识上帝，在与他的关系中长进，顺服他——会让你将自己的配偶看成是你生命中最完美的补足。

第二个目的：倍增敬虔的后代

继续查看《创世记》，我们会发现婚姻的第二个旨意："神就赐福给他们，又对他们说：'要生养众多，遍满地面。'"（《创世记》一章28节）

这段内容表明，按照上帝对婚姻的旨意，生养孩子并不是一种选择，而是命令。为什么生养孩子如此重要？

____

____

____

生养孩子不仅是上帝的赏赐和祝福（参见《诗篇》一百二十七篇3-5节），也是上帝计划将他的话语传给下一代的一个必要部分。虽然不是每对夫妇都有亲生的孩子，但是上帝愿意让每对夫妇都抚育下一代，好将他们对上帝的信心传递下去，也好让他们的下一代将信心继续传递。《诗篇》七十八篇表明，家庭是传递信心的最好场所。

上帝最初的计划，是要让家庭成为一个"温室"、一个养育中心。让孩子在其中成长，培养他们的品格、价值观，得到全面发展。与家庭相比，没有哪种环境可以让孩子们更好地学习如何生活、如何与上帝建立关系。

第三个目的：反映上帝的形像

"'我们要照着我们的形像，按着我们的样式造人，使他们管理海里的鱼、空中的鸟、地上的牲畜和全地，并地

上所爬的一切昆虫。'上帝就照着自己的形像造人，乃是照着他的形像造男造女。"（《创世记》一章26-27节）

上帝创造我们，是为了让我们反映出他的形像。这意味着，上帝借着我们启示了他性情的一部分，并借着我们的关系启示他自己。

例如，当我们彼此相爱时，便反映出是上帝创造了爱和各种关系。

这一点为什么很重要呢?因为上帝创造了我们，好让我们认识他，生活在他的计划中。当上帝成为一对新人关系的中心时，他们身上就会反映出上帝的形像。世人就会在他们的关系中看到上帝是谁，上帝如何爱世人。

上帝选择用丈夫和妻子在人类面前代表自己，反映自己。这是一个奥秘。正是借着婚姻关系，情侣可以向世人展示一些上帝对人的爱、饶恕和恒久忍耐。

总结

婚姻不仅仅是一种文化制度，也不仅仅是为了男人、女人需要伴侣而做的一种安排。在思考婚姻的目的时，我们发现答案就在历世历代的畅销书《圣经》中。

婚姻远比你想象的重要。你的婚姻不只是两个人尽量满足彼此的需要，还有更重要的方面。在下一课，你会学到更多有关根基的功课。

准确航行

- 根据真理绘制婚姻的路线
- 必须弄清楚你们为什么结婚。
- 上帝创造了婚姻,是为了两个人能够成为一体,从而
  - ——反映他的形像;
  - ——彼此成全;
  - ——倍增敬虔的后代;
- 通过你们各自独特的差异和弱项,相互成全。
- 家庭是成长的温室,是将真理传递给下一代的中心。

情侣活动

了解实际

下列活动由情侣一起进行。

1. 花几分钟时间,一起讨论你们在"了解情况"和"认识真理"部分所做的回答。一定要让你的未婚妻(夫)解释她(他)的回答。

____

____

____

2.你的婚姻应当"反映上帝的形像"，你是否是第一次听到这种观念?这一新的认识会怎样影响你对未来婚姻的看法?

3.基于《圣经》的观点，你的生育观是否发生了变化?如果发生了变化，有哪些变化?

如果你们不曾全面讨论过有关建造家庭的想法，这将是一个很好的机会。

a. 你们什么时候开始要孩子?

b.你们想要几个孩子?

c.你们是否觉得已经做好了很快要孩子的准备?为什么觉得已经做好了或为什么觉得还没有准备好?

4.将你从这一课学到的最重要的内容写下来,并和对方一起
  分享。

____

____

____

进行深入了解

下面是两个特殊的选修作业,为愿意进行深入了解的人准备。

1. 请阅读丹尼斯·雷尼所著《永续亲密》(*Staying Close*)一书。

2. 完成本课最后"父母的智慧"活动部分。

给再婚人士

1. 查看个人历史记录单,讨论你在"第一项:你的浪漫史"中
   "给再婚人士"这部分的回答。

____

____

____

2. 你以前的婚姻在哪些方面没有实现上帝对婚姻的旨意?

   彼此成全:

____

____

____

倍增敬虔的后代：

____

____

____

反映上帝的形像：

____

____

____

3.如果你离过婚，现在请想一下，你的哪些错误导致了婚姻破裂？换句话说，对于婚姻破裂你要负哪些责任？

____

____

____

4.如果你们俩一方有孩子，请评估孩子在情感上对再婚的接受程度，并说出你的理由：

（孩子的名字）	消极				积极
_________	1	2	3	4	5

为什么?

____

（孩子的名字）	消极				积极
_________	1	2	3	4	5

为什么?

____

（孩子的名字）	消极				积极
＿＿＿＿＿＿＿＿	1	2	3	4	5

为什么?

＿＿＿＿＿＿＿＿＿＿＿＿＿＿＿＿＿＿＿＿＿＿＿＿＿＿＿

（孩子的名字）	消极				积极
＿＿＿＿＿＿＿＿	1	2	3	4	5

为什么?

＿＿＿＿＿＿＿＿＿＿＿＿＿＿＿＿＿＿＿＿＿＿＿＿＿＿＿

5.你有哪些计划可以帮助孩子来适应可能成为其继父(母)的人(以及同父异母,或同母异父的兄弟姐妹)?

＿＿＿＿＿＿＿＿＿＿＿＿＿＿＿＿＿＿＿＿＿＿＿＿＿＿＿

＿＿＿＿＿＿＿＿＿＿＿＿＿＿＿＿＿＿＿＿＿＿＿＿＿＿＿

＿＿＿＿＿＿＿＿＿＿＿＿＿＿＿＿＿＿＿＿＿＿＿＿＿＿＿

给再婚人士的特别信息

你在本课发现:上帝的心意是让婚姻成为男女之间毕生的承诺。

彼此成全涉及成为一体,经历永远都不分开的合一。(在下一课,你将学到更多关于这方面的知识。)

倍增敬虔的后代——生养孩子——必须在完整的家庭中进行,有父母双方的参与。

如果你离过婚,你需要尽自己最大的努力与前夫(妻)恢复关系。我们知道,在某些情形下,这样做不仅不太可能,也会很不明智。你必须寻求合神心意的辅导意见,帮助你解决自己面对的独特问题。

在你考虑另一次婚姻时，我们假设你已经对自己的离婚有了确切的《圣经》依据。这意味着你已经学习了有关离婚的经文，也寻求并接受了合神心意的辅导意见。上帝在某些情形下允许丈夫和妻子离婚，但是他从来没有教导人去离婚。你需要清楚地知道：自己得到了《圣经》的许可，享有再婚的自由。

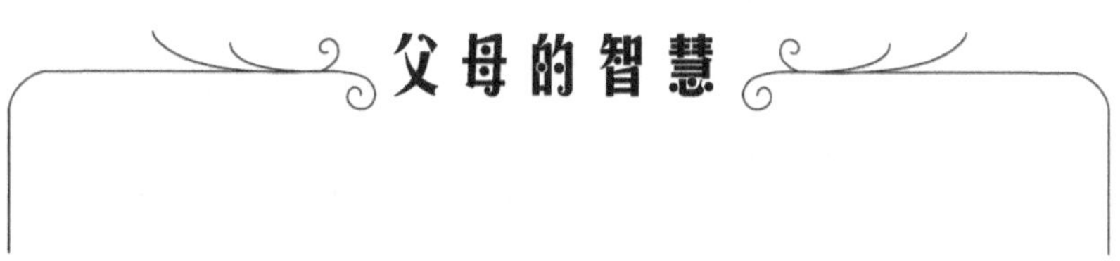

"我儿，要谨守你父亲的诫命，不可离弃你母亲的法则。"（《箴言》六章20节）

"当孝敬父母，使你的日子在耶和华你神所赐你的地上得以长久。"（《出埃及记》二十章12节）

本项活动的目的是要帮助你做成两件事。

首先，借着寻求父母的建议和忠告，以表明你对他们的敬重。向父母请教也是让你从了解你最深（至少是最久）的人那里获得见识和智慧。要记住，作为一个成年人，你必须为自己的一生负责。你并不是要让父母决定结婚的事，你得到的只是他们的观点、见识和忠告。

其次，借着向将来的岳父母（公婆）请教应当如何爱他们的女儿或儿子，以表明你对他们的敬重。如果从婚姻刚开始的时候就能敬重你的岳父母（公婆），你与他们的关系可能会成为你生命中最宝贵的财富之一。

说明：

你有三种选择去完成这项活动。请选择最适合自己的选项。

选项A：将调查表寄给自己的父母和未来的岳父母（公婆），并随信寄去一个贴了邮票的信封，供他们回信使用。信上说明这项活动的内容，也注明你需要他们在见信一周内答复。

信件范例

亲爱的＿＿＿＿＿＿＿＿：

　　我和＿＿＿＿＿＿＿＿＿＿[未婚妻（夫）的名字] 正在学习婚前辅导课程。现在是第二周，我们对彼此和婚姻有了更多的认识，这些都超出了我们的预期！即将步入婚姻，让我们感到前所未有的激动！

　　我们有一项作业是信内所附的"父母智慧调查表"。你们的看法对我们很重要。希望你们能一起完成问卷，并在一周内回复。

　　如果你们认为有些问题不能回答，可以空出来。如果有任何问题，请给我打电话。

　　我们期待能很快得到你们充满智慧的言语！

我爱你们！

选项B：安排一个时间给你父母和岳父母（公婆）打电话，在电话上完成调查表。注意，一定要给他们留下充分的时间来思考每一个问题。你可以提前将调查表寄给他们，这样，他们就可以先想一想，然后一起讨论答案。

　　选项C：安排与父母在一起进餐、吃甜点或者喝咖啡，同时完成调查表。让他们提前知道问题，这样他们就能有时间思考。先就问卷部分向父母提问，然后你的未婚妻（夫）再向他们提问。如果是面谈，你还可以录音。

　　完成这项活动需要一些时间，所以要尽快开始。现在就给信封贴上邮票，打电话，安排时间相聚吧！

特别说明

在开始这项活动之前，请阅读下面的话。

1. 如果你没有订婚，我们建议你不做这项活动。

2. 如果你的父母或岳父母（公婆）现在离婚了，请与你的未婚妻（大）讨论你们应该如何进行这项活动。如果你和继父（母）的关系很好，你可能想问继父（母）这些问题，也可能只想问自己的亲生父母。我们相信，双方父母都参与这项活动更好。但是，你必须决定，在这个时刻，对你来说怎样做最合适。

3. 如果你觉得部分问题让父母回答可能比较困难，或者比较尴尬，可以自由地删减或者修改调查表。

4. 我们知道，今天有许多即将结婚的人来自问题家庭。酗酒、习惯性缺乏关心以及孤立等带来的不幸后果，伴随着许多年轻人进入了婚姻。如果你正处在这样的情形中，你可能会认为不适合进行这项活动。

无论你与父母的关系如何，上帝要求你敬重他们。丹尼斯·雷尼写的《尊荣父母，带来祝福》（*The Tribute and the Promise*）一书可以给你带来信心和盼望，这是一本很有用的书。丹尼斯为那些来自问题家庭的人，提供了许多有益的建议和实际应用方面的范例。

父母智慧调查表

假设提问的就是您的孩子，请回答以下问题：

1.你们认为我有哪些优点，会对我的婚姻有益处？

2.你们认为我有哪些缺点，需要我在婚姻中克服？

3.你们如果可以在婚姻方面给我们提一点建议（你们在婚姻中做得对和做得不对的事），会建议什么？为什么？

4.当我开始婚姻这一全新的冒险旅程时，你们在以下各个方面给我提的最好的建议是什么？请从中选择你愿意加以评论的三至五项。

- 钱财
- 沟通
- 性关系

- 丈夫、妻子的角色
- 委身
- 幽默
- 抚育孩子
- 属灵生命的成长
- 生活中的优先次序
- 工作
- 其他

5.如果你们的整个婚姻生活只能保留一个回忆、一次经历或者一段时光,它会是什么?为什么?

____

____

____

6.你们是否有什么特别的或者有意义的东西,希望我们在婚礼仪式中使用?

____

____

____

7.我即将结婚,建立一个新的家庭。作为父母,你们期望我与你们的关系有哪些变化?

____

____

____

8.你们希望我们如何安排假期？

____

____

____

9.如果上帝赐给我们孩子，你们希望如何参与他们的生活？

____

____

____

10.你们愿意我们不打招呼就去拜访你们，还是愿意我们提前
打电话告诉你们？

____

____

____

11.对于我们去哪里参加教会活动，你们有没有具体的期望？

____

____

____

假设提问的就是您的儿媳或女婿，请回答以下问题：

1.你们在我身上看到了什么品质，或者你们知道我拥有什么
品质，让你们相信我和你们的儿子（女儿）是天作之合？

____

____

2.关于你们的儿子(女儿),你们会给我什么特别的建议,帮助
我成为他(她)所需要的人生良伴?

____

____

____

3.婚后,你们希望我怎么称呼你们?

____

____

____

没有什么关系、团体或者同伴比美好的婚姻更加可爱、友好、迷人。

——马丁·路德

婚姻方程式

正确方向

婚姻的计划涉及四项委身，那就是：彼此接纳、离开父母、二人连合、成为一体。

几千年来，统治者和拥有土地的富人们建造了许多巨大的城堡，保护他们不受仇敌的攻击。但是，他们的仇敌发明了更多的绝妙方法，可以攻破城堡的防御工事。他们发明了弹弓，可以往城墙上抛石子，或者把石子掷过城墙，投进城里去。他们曾经使用攻城

槌撞破城门。他们还在车轮上建造高塔，将高塔推到城墙那里，好让战士们打开城墙的缺口。

如果这些办法都不奏效，他们就会把城堡围起来，断绝城里的食物、水源和其他一切供给。几周过后，有时是数月之后，城堡中的居民不得不举手投降。

在英国，到了13世纪，城堡的设计师们吸取了已往的经验教训，在自己的蓝图中加入了许多绝妙的防御设计：

- 让城堡外墙底部大角度向外凸出，增加了城堡稳固性，也提供了一种防御策略：守卫城堡的人若丢下巨大的滚石，石头会从倾斜的底部弹出去，击中敌人。
- 在城墙上装备射箭槽，射手可以瞄准。
- 在外墙的顶部建有探出墙外的狭长的木制栈道，让守卫人员垂直向下命中敌人。
- 他们还修建了巨大的储存库，用来囤积食物，供应城堡中居民的需要。所存食物有时可维持数月之久。
- 在内墙的范围内挖井，使守卫城堡的人拥有独立的水源。

当你认真地思考婚姻时，应该认识到：你将要建造一个家，这个家必须能承受得起21世纪文化方面的弹弓和攻城槌。要想建造坚固的婚姻和家庭，你和未婚妻（夫）同样需要按照一份可靠的蓝图来开工建造。

阅读下面的案例，然后回答后面的问题：

鲍伯和雪莉的传奇故事（续）

新婚之夜，频繁的鱼水之欢让雪莉感到精疲力竭，鲍伯对此能够理解。第二天早晨，她醒来时不停地腹泻。不过，他们还是按照原计划去度蜜月。但是雪莉在床上整整躺了三天。鲍伯发现自己独自一人走在温暖而浪漫的海滩上，他不明白自己为什么要到这里来，怀疑这是否就是麻烦即将来临的不祥之兆。

幸运的是，雪莉很快痊愈了，他们享受了几天浪漫而亲密的时光。但是，回家后几周，刚刚安顿下来，他们的关系就开始出现了紧张的局面。

在新的城市里，雪莉对自己的新工作感到很不满意。在家乡，她是一名成功的药品推销员。但是现在，她发现自己又站在了事业的起点，需要建立自己的顾客群，挖掘业务介绍人。她回到家里，又疲惫，又生气。最重要的是，鲍伯期待她能挣到更多的钱，至少要接近她婚前的薪水。现在，他们的财务状况比他预期的更紧张。

鲍伯的工作时间很长，通常要很晚才能回家。订婚期间，雪莉生活在另一个城市，鲍伯回家晚对她来说根本不是问题。现在，雪莉待在自己的新家，感觉很孤单。她抱怨说："在这里，我几乎谁

都不认识。"同时，鲍伯也觉得雪莉不理解他，他必须长时间工作来完成园艺公司在繁忙季节里的超额工作量。他解释说："到了冬季，情况就不会这么糟了。"

但是，最让鲍伯和雪莉烦恼的是，他们发现对方在婚后都有了变化。仿佛找到配偶仅仅是生活中的一个目标，目标一旦达到，双方都开始松懈，不再努力经营他们的关系。他们不再像过去那样谈话，反倒产生了更多的争执。

一个周末，鲍伯计划外出钓鱼，给雪莉一个惊喜。雪莉却声明说："我真的不喜欢钓鱼。我们能不能做点别的?"鲍伯顿时惊呆了。当鲍伯说，他可以和一个朋友去钓鱼时，雪莉生气地问道："整整一个周末，你希望我在家做什么?擦洗银器吗?"接下来的一周，雪莉对鲍伯说，她想去剧院看演出。鲍伯却回答，他宁愿待在家里用VCD机看一部电影。这让雪莉感到很意外。

他们在如何分配家务，如何记录财务收支，以及如何对待双方的家人等许多方面都产生了冲突。

他们想，也许我们根本就不合适，也许我们犯了一个严重的错误。

1.婚后，鲍伯和雪莉的梦想很快就破灭了，你认为这是什么原因造成的?

2.他们在婚前能做些什么，好让生活过渡得更轻松、平稳?

如果描述一下世俗的婚姻蓝图，很可能会冠以"婚姻中夫妻对等付出"的标题。这是绝大多数人思想中的婚姻模式，从表面上看也很有道理："如果我尽我的职责，他尽他的职责，我们就可以在半路上汇合。"

但是，这项计划注定要失败，因为……

- 它没有将不现实的期待考虑在内。
- 你不可能知道你的配偶什么时候会在半路上与你汇合。
- 它没有考虑到你们把人性中自私的因素带入了婚姻。

幸运的是，《圣经》给我们提供了一个更好的计划。让我们再看看《创世记》，详细察看建造婚姻必需的四项委身。虽然这样的婚姻原则已有几千年的历史，但是，我们会发现：这些原则完全经得起时间的考验，它对我们今天的婚姻仍然有效。

委身一：彼此接纳

耶和华神使他沉睡，他就睡了；于是取下他的一条肋骨，又把肉合起来。耶和华神就用那人身上所取的肋骨，

造成一个女人，领她到那人跟前。那人说："这是我骨中的骨，肉中的肉，可以称她为女人，因为她是从男人身上取出来的。"因此，人要离开父母与妻子连合，二人成为一体。当时夫妻二人赤身露体，并不羞耻。(《创世记》二章21-25节)

这段文字生动地说明了婚姻的一项基础原则。就像亚当一样，你必须接纳自己的配偶，视她为上帝为了满足你对同伴的需要而赐予你的伴侣。对配偶的接纳表明你完全信任上帝。

亚当的注意力在上帝毫无瑕疵的性情上，而非夏娃的表现上。他知道上帝，知道自己可以信靠他。亚当知道夏娃源于上帝，所以热情地接待了她。亚当相信上帝，这使他能够视夏娃为上帝完美的预备而接纳她。

1.完成下面的句子：如果未婚妻（夫）是上帝赐予我的伴侣，那么我就要将她（他）作为上帝所赐的礼物来接纳，这意味着我应该……

____

____

____

2.考虑一下你若不能接纳自己的配偶会产生什么样的后果。描述一下10年或20年后婚姻会出现的情况。

____

____

____

　　婚前，你必须像亚当接纳夏娃一样，接纳你的配偶。如果你认定未婚妻（夫）确实是上帝的赐予，那么你就需要接纳她（他）的所有优点和缺点。你能够无条件地接纳她（他）的好习惯和坏习惯（包括你现在还不清楚的坏习惯）吗?除了婚姻中的异性相吸，你能够看到哪位全知的供应者吗?

　　另外，接纳你的配偶不仅仅是婚礼上的誓言，它需要你在整个婚姻中保持永远接纳的态度。

　　结婚几个月、几年之后，你们会对各自的缺点和错误有越来越多的认识。越是牢记自己有接纳上帝所赐配偶的责任，你们的婚姻就会越坚固。如果最了解你的人也是最爱你的人，那么，你们的婚姻绝对会与众不同。

委身二：离开父母

　　　　"因此，人要离开父母与妻子连合，二人成为一体。"
　　（《创世记》二章 24 节）

　　当我们还是孩子的时候，需要依靠父母来满足我们生活中对物质和其他事物的需要。父母有责任满足我们对稳定的情感、敬虔的价值观和属灵生命成长的需要，也有责任供给我们需要的食物、衣服和居所。但是，正如医生会切断婴儿的脐带一样，你也必须切断依附父母的脐带。如果你不这样做，就会破坏即将建造的、彼此依附的夫妻关系。

离开父母需要两项手术：

• 切断依赖父母的脐带：这意味着不再依赖父母在物质和情

感方面的支持。结婚之日对于一对新人而言，就如同7月4日对于美国人一样，是一个独立的纪念日。

- 切断向父母效忠的脐带：结婚之前，你与父母的关系最重要。但是，在婚礼上，你的优先次序发生了变化。你应该继续敬重你的父母（参见出《埃及记》二十章12节），但是，你现在优先考虑的对象，必须变成你的配偶。你首先要对配偶忠心。

你和父母必须承认这种依附关系的转变。离开父母的行为，是建立真正合一关系的基础。

1. 请用自己的话，为"人要离开父母"下一个定义。

2. 结婚后，不能切断依赖父母的脐带通常有哪些表现？

3. 结婚后，不能切断向父母效忠的脐带，通常有哪些表现？

4.如果你的配偶不能停止依靠父母,你会有什么感觉?

____

____

____

如果你的配偶不能停止向父母效忠,你会有什么感觉?

____

____

____

5.你的父母或者岳父母(公婆)是否在某些方面对你们很难放
手?如果是,是哪些方面?

____

____

____

委身三：与配偶连合

"连合"(参见《创世记》二章 24 节)意味着像胶一样粘在一
起。这是一种永远的联结,永远不会断开。

1.在婚姻关系中,将你们粘在一起的胶水是什么?
□大家期待我永远都不要离婚,因为这样会玷污家庭的
名声。
□不能让离婚影响职业发展。

□一句誓言或一项约定。这是我的承诺,我愿意兑现自己的承诺,敬重我的配偶,荣耀上帝。

□毫无罪疚地享受性关系。

□美好的沟通和解决问题的技巧。

婚礼那一天,你会与自己的配偶一起,担负人类所领受的最庄严的责任之一:宣告婚姻的誓言。这个誓言或约定,是一项持续一生的承诺,它不只是两个人之间许下的诺言,更是一个男人和一个女人向上帝许下的诺言。你的婚约涉及三个承诺:

- 一生都在婚姻中。

- 彼此相爱,彼此关怀。

- 保持在性关系上的忠贞。

今天有许多人离婚,其中一个原因就是他们进入了婚姻,却不能坚定不移地履行对婚姻的承诺。他们私下里认为,如果这段关系走不下去,就可以和别人试试。

一个在全能上帝面前许下的无条件的、神圣的承诺,会创建稳固的婚姻关系。不完全的承诺只会带来恐惧,导致婚姻的失败。

2.阅读下面的有关章节:

"所以当谨守你们的心,谁也不可以诡诈待幼年所娶的妻。"耶和华以色列的上帝说,"休妻的事……是我所恨恶的。"(《玛拉基书》二章15节,16节)

有法利赛人来试探耶稣说:"无论什么缘故,都可以休妻吗?"

　　耶稣回答说："那起初造人的，是造男造女，并且说：'因此，人要离开父母，与妻子连合，二人成为一体。'这经你们没有念过吗?既然如此，夫妻不再是两个人，乃是一体的了。所以上帝所配合的，人不可分开。"(《马太福音》十九章3-6节)

　　请思索一下，为什么《圣经》中有很多反对离婚的章节?

____

____

____

　　作家伊丽莎白·艾略特(Elizabeth Elliot)曾说："爱是希望另一个人得益处。"爱的基础不是感觉，也不是情绪，它的中心思想是委身。委身就是愿意借牢不可破的忠贞和挚爱的承诺，让另一个人得着益处。委身永远都是无条件的，永不撤销的承诺。委身是你出于意志的决定，要毕生忠于这一个人。

　　在婚姻中，当两个人都表现出这种委身时，他们就真正成就了上帝的旨意，他们就向世界见证了上帝的性情。离婚不仅会给你和你所爱的人带来极大的伤害，而且会让基督之名蒙羞受辱。

委身四：成为一体

　　"一体"(参见《创世记》二章24节)其实就是"合一"的词根。因此，才有了婚姻中的"一加一等于一"!

　　性行为是二人成为一体必不可少的一部分，但不是全部。它涉及两个人深层次的亲密关系。路易斯·H·伊万(Louis II. Evans)

博士曾经就"一体"写道：

> 婚姻中的一体不但是一种身体现象，也是两个个体的全然合一。在婚姻中，我们借着誓言，在灵性上成为一体；借着共同拥有一切，在经济上成为一体；借着相互协调时间和在各样生活支出上达成一致，在生活上成为一体；借着一起走过阴暗的幽谷，一起登上成功的山峰，在经验上成为一体；借着身体上的联结，在性关系上成为一体。

当你查看二人成为一体的方方面面时，成为一体应当是委身的结果，而不是委身的前提。这一点是显而易见的。委身就是彼此接纳、离开父母、二人连合，然后成为一体。

上帝禁止在婚前发生性关系。思考你在课程中所学到的东西，回答下面这些不同观点：

"我们彼此相爱，无论如何都要结婚。"

____

____

____

"当我们在一起时感觉很好。感觉这么好的东西，怎么会错呢？"

____

____

____

记住，上帝总是为了我们着想。性关系是为了让本来就已坚固的联结变得更加坚固，如同将钢筋放进混凝土里一样。

我们在第六课还会更加详细地学习有关一体的功课，但是，要注意夫妻关系中的秩序（参见《创世记》二章18-25节）：

- 男人独居。
- 二人离开父母。
- 他们彼此连合。
- 他们成为一体。
- 他们经历亲密的关系与合一。

当你和配偶学习了第一课和第二课时，你们就会开始成为一体的过程。每个结婚的日子，都有新事物诞生。在婚礼之前，有一个他，还有一个她。但婚礼之后，便有了一个新的实体，称为"我们"。这就是"一体"，是一种茁壮成长的、活泼的关系。

当你和未婚妻（夫）都决定彼此接纳、离开父母、二人连合，从而成为一体时，你们就是在按照上帝的蓝图建造婚姻。要为上帝的数学奇迹做好准备：一加一等于一！

二人成为一体的婚姻

"两个人总比一个人好，因为二人劳碌同得美好的果效。若是跌倒，这人可以扶起他的同伴。若是孤身跌倒，没有别人扶起他来。这人就有祸了。"（《传道书》四章9-10节）

一个"二人成为一体"的婚姻，与世界认为的夫妻二人对等付出的蓝图（50/50）正好相反。"二人成为一体"的婚姻是在夫妻二人全部付出（100/100）的蓝图中，双方将自己的自私放在一边，经历

真正的亲密关系。

我们在前两课讨论上帝对婚姻的旨意和计划时，曾经讨论了建造坚固婚姻所需的委身。我们所学的一切都指向一个核心事实：如果你想让你的婚姻成为上帝计划中的婚姻，你必须将上帝置于你们关系的核心。二人成为一体的婚姻，其核心是：一个男人和一个女人与上帝之间在属灵关系上密切结合。这需要二人毕生信靠上帝，按照他的计划建造牢固的婚姻关系。

在本手册的最后一课中，我们还会就如何建造这类婚姻关系提供切实可行的建议。但是，在我们继续学习之前，比较明智的做法是花些时间，评估一下上帝在你们的关系中所处的位置。

基督是否是你生命的中心？

许多情侣会在举行婚礼之前减肥，让自己的身体状况保持在最好的水平。他们想在蜜月时看上去最好，让自己处在最佳的状态。他们也需要看一看，上帝在他们的生命中是否处于重要的位置。

上帝是否呼召你们结为夫妻？

对每一对考虑结婚的基督徒情侣来说，这都是一个重要的问题。回答这个问题，需要：

- 看看上帝是怎样带领我们生活的。
- 愿意诚实地对待你们的关系，包括你们是否相配，各自的优点和缺点，以及你们目前做出重要决定的能力。

这一课后面是两项特别活动（"评估你们的关系"和"决策指南"）会引导你完成为婚姻做出明智决定的过程。如果你们尚未决定是否结婚，这些活动会帮助你们重新审视自己的关系，确定上帝对你们的带领。如果你们已经订婚，这些活动会帮助你们进一步证实所做的决定。

这些活动是这次学习必不可少的一部分，应当尽可能地将其完成。对你们的决定加以证实，会帮助你们处理尚未解决的问题，也会为你们的关系不断成长带来安全感。

根据真理

准确绘制婚姻航线

决定把你的配偶当作上帝的完美赐予而予以接纳。

决定离开父母意味着要切断依附父母的纽带。

决定与配偶连合，是你凭意志做出的一个无条件的、不可撤销的选择。婚姻是一个不变的、神圣的定约，不能轻看。

决定成为一体，会带来一种神圣而神秘的联合，在情感、身体和属灵生命上都要彼此透明。这些不得在婚姻之前发生。

婚姻是一种亲密的属灵关系。因此，上帝必须位于你们生活和婚姻的中心。

情侣活动

了解实际

下列活动由情侣一起进行。

1. 花几分钟分享并讨论你们在"了解情况"和"认识真理"部分所做的回答。一定要让你的未婚妻(夫)解释她(他)的回答。

2. 各自回答下面的两个问题，然后一起分享。

　　a. 对你来说，考虑离开父母时，哪条纽带最难切断？是依赖，还是效忠？为什么？

　　b. 上面提到的两条纽带，对你的未婚妻(夫)来说，最难切断哪一条？为什么？

3.与未婚妻(夫)讨论,在你们明确切断依赖父母的纽带时,可以用什么样的方式向双方父母表示敬重。

____

____

____

4.你对离婚有何想法?你自己的家族史对你的这些想法有哪些影响?

____

____

____

5.你是否同意下面的话:"耶稣基督是我生命的中心。"请说明原因。

____

____

____

6.你是否同意下面的话:"有基督在我们中间,我们的关系就有一个牢固的根基。"请说明原因。

____

____

____

7.简短地写几句话，对这一课做一个总结。

____

____

____

在开始下一课之前，请完成《个人历史记录单》中的"生命历程"部分，为第三课的"情侣活动"做好准备。

进行深入了解

下面是两个特别的选修作业，供那些愿意进行深入了解的人使用。

1.阅读丹尼斯·雷尼著《永续亲密》(*Staying Close*)一书十二章。

____

____

____

2.关于如何敬重父母的更多信息，请阅读丹尼斯·雷尼和大卫·波伊合著《尊荣父母，带来祝福》(*The Tribute and The Promise*)一书。

____

____

____

给再婚人士

1. 你是否发现自己很难接受第一次结婚时的配偶?哪些方面
   你很难接受?

———————————————————————————

———————————————————————————

———————————————————————————

2. 你是否发现很难离开父母?为什么?

———————————————————————————

———————————————————————————

———————————————————————————

3. 婚姻开始时,你是否承诺要一生持守它?请回想一下,是什
   么破坏了这项承诺?

———————————————————————————

———————————————————————————

———————————————————————————

4. 在新的婚姻中,你在下面的哪个领域会面对特别的挑战?
   彼此接纳

———————————————————————————

———————————————————————————

———————————————————————————

离开父母

二人连合

成为一体

5. 如果你的未婚妻（夫）有孩子，这对你把她（他）当作上帝的
赐予加以接纳会有怎样的影响？

作为继父（母），你期望在孩子的生活中扮演什么角色？

6.如果你有孩子,你期望将来的配偶在你孩子的生活中扮演
什么角色?

你与从前的姻亲有哪些关系?

你的孩子与你的姻亲会有什么关系?

评估你们的关系

与其他任何人际关系相比，你和配偶的关系会对你的生活产生更大的影响。然而，在做出结婚这样的重大决定时，许多人都被激情蒙蔽，很难理智地去思考问题。他们陷入了情感的漩涡，在决定彼此委身之前，一些重要的问题没有得到解决。

这项特别活动旨在帮助你评估你们的关系，并面对其中一些重要的问题。不管你们已经订婚，还是在认真考虑婚姻的问题，完成这部分资料，会促使你就你们的关系回答一些富有挑战性的问题。我们非常想帮助你：

- 消除妨碍你认真思考你们关系的一切拦阻；
- 评估你们是否情投意合。

是的，这个过程看起来似乎并不浪漫。但是，如果你的目标是要建造一个真正合一的婚姻，建立一种以上帝旨意为中心的亲密关系，就需要你通过意志和情感做出这个决定。

如果你们已经决定结婚，那么请通过这部分材料来进一步证实你们的决定。要对上帝的心意持敞开的态度。面对一些较难回答的问题，要鼓起勇气坦诚回答。

如果你还没有做出决定，那么请允许这部分材料来帮助你，引导你。在完成这项活动的过程中，你可以确信：你的决定基于可靠的信息，是平衡的决定，是符合《圣经》的决定。

特别提示

在我们评估你们关系的各个方面时，你可能会面临挑战，以新的方式来看待自己和未婚妻（夫）。当你完成了这部分内容时，请不要在压力的驱使之下做出关乎未来的决定。事实上，我们将这部分内容放在本手册的前面，就是为了让你能够使用这一架构来做出决定。

关系的和谐

　　有了共同的属灵生命和谐的根基，你还需要评估在日常生活中你们的关系是否和谐。这就需要观察你们的人际交往技巧、友谊的质量，以及两个人性情的契合度。

　　如果你正在接受婚前辅导，那么你可能已经填了某些个性或性情调查表。泰氏性格分析（Taylor-Johnson Temperament Analysis）、PREPARE 试验或迈布二氏类型分析法（Myers-Briggs Type Indicator）等测验，会给你提供许多有价值的信息，以检测你们是否搭配。如果你不打算参加上述任何测试，那么，下面这项练习能让你们初步认识到你们俩是否合适。

1. 完成下面的图表。在每项品质或特征最适合自己的数字上划叉。在最适合对方的数字上划圈。

自制	1	2	3	4	5	6	7	8	9	10	冲动
固执	1	2	3	4	5	6	7	8	9	10	谦卑
进取/武断	1	2	3	4	5	6	7	8	9	10	顺从/被动
以任务为中心	1	2	3	4	5	6	7	8	9	10	以人为中心
悲观	1	2	3	4	5	6	7	8	9	10	乐观
快节奏	1	2	3	4	5	6	7	8	9	10	慢节奏
积极参加社交活动	1	2	3	4	5	6	7	8	9	10	性格内向

富有同情心	1	2	3	4	5	6	7	8	9	10	对他人的感情不敏感
果断	1	2	3	4	5	6	7	8	9	10	优柔寡断
紧张	1	2	3	4	5	6	7	8	9	10	轻松
感情外向	1	2	3	4	5	6	7	8	9	10	感情封闭
自我感觉良好	1	2	3	4	5	6	7	8	9	10	自我感觉较差
挑剔	1	2	3	4	5	6	7	8	9	10	忍耐
理想主义	1	2	3	4	5	6	7	8	9	10	现实主义
有控制欲	1	2	3	4	5	6	7	8	9	10	宽容
慈爱	1	2	3	4	5	6	7	8	9	10	矜持
爱说话	1	2	3	4	5	6	7	8	9	10	爱安静
有责任心	1	2	3	4	5	6	7	8	9	10	没有责任心

2.你们在哪些方面可以互补？

____

____

3.你认为彼此之间的差异给你们的关系带来了哪些好处？

____

____

4.哪些差异给你们的关系带来了摩擦和冲突？

____

____

5.你是否疑虑过你们的关系是否应该继续下去？

关于和谐与委身的话

评估所有这些因素,并没有绝对的公式。关键是这些因素在你们的关系中发挥什么作用,你对它们的感觉如何。例如,虽然你们的兴趣爱好迥然不同,然而你们在一起做的为数不多的几件事所带来的乐趣,远远超过了那些差异。

我们注意到,上帝似乎常常将两个在许多方面都不相同的人带到一起,这也是一个很有趣的事。例如,快节奏的妻子,却嫁给了一个慢节奏的丈夫。以人为中心的丈夫,选择了一个以任务为中心的配偶。

所以,辨识你们在这些领域的异同,只是判断你们是否和谐的第一步。你还需要注意另外两个方面:

彼此之间的差异如何使你们配搭在一起更加完美?

•委身会怎样弥补你们彼此之间的差异?

给婚姻关系带来迷惑的因素:

当气温、地温、湿度和气压适时地结合到一起时,曾经飘浮在5000英尺高空的浮云,就会笼罩大地。当迷雾席卷整座城市时,机场会关闭,交通也会受阻,很多活动都无法进行。

你是否曾经在浓雾中驾车前行?这种感觉很奇怪。你只能看到正前方的不远处。建筑物和其他交通工具看上去就像怪物一般。声音都减弱了。

这样驾车很危险。如果车速太快，就会更加危险。然而，许多情侣就像以60英里的时速穿越浓雾的司机。尽管对前方30英尺处有什么几乎一无所知，他们仍然超级自信，认为自己一定可以穿过浓雾。过去他们的头脑是清醒的，然而，现在充斥着矛盾的情感，他们没有减速，两个人的关系仍在勇敢地前进。

给亲密关系带来迷惑的因素举不胜举。按照经验，我们确定了八种最常见、最危险的因素。

不切实际的想法

浪漫的关系令人很兴奋，一切似乎都很美。在梦中情人的身上，你很难发现任何缺点。用另一个词来表达这种心情，可能就是"意乱情迷"。

孤独

你厌倦了一个人的生活，盼望能有一个婚姻的伴侣。家人和朋友善意的发问——"你有对象了吗?"——让你感觉到了压力。你不明白自己是否有问题。你一天一天地变老，如果你是一个女人，你可能听到了自己的生物钟在滴答作响的声音。

婚礼的准备

计划一场婚礼就像开着一列失去控制的列车。你开得越快，它就越难停下来。即使你对一些问题感到疑惑，仍然难以考虑取消或者延迟婚礼。人们会怎么想呢?

性行为

你们曾经或者现在发生了性关系，有性爱抚或者亲吻、抚摸。

婚前性行为会使你们的情感绑在一起，无法清晰地评估你们在其他方面的关系。这也会使内疚和羞辱的感觉盘旋在婚姻上空。

属灵生命不成熟

你们单方或双方可能处在悖逆期，偏离了与上帝的关系。这可能是你们在生活中偶尔犯罪的结果，也有可能是多年前固有模式的重现。你们没有意识到上帝会怎样带领你们的关系，因为你们不知道如何分辨上帝的声音。

特别提示

上面五种带来迷惑的因素可能会让你对未婚妻（夫）做出不明智或者不成熟的承诺。但是，下面三个因素会阻止你做出承诺。

害怕失败

想到不能满足未婚妻（夫）、同龄人、家人或自己的期待，会让你感到不安。你觉得自己没有能力经营一个婚姻。也许你父母的婚姻就以离婚告终，你不想让你的婚姻也这样。

害怕委身

虽然你盼望能够得着婚姻的好处，但是在面对一生委身于另一个人时，你感到害怕和沉重。你意识到，如果今后遇到一个更好的人，你就无法选择了。这使你不敢将你们的关系发展下去。

不能够/不愿意寻求别人的饶恕和饶恕他人。

当未婚妻（夫）伤害了你，她（他）不能或者不愿意承认得罪你

的事实，也不愿寻求你的饶恕。或者当你伤害了她（他）时，她（他）不愿意饶恕你。

1. 查看一下可能给你们的关系带来迷惑的八个因素。哪些因素会成为你们关系中的问题？

____

____

____

2. 如果你对婚姻心存疑虑，你是否愿意花时间思考，确保自己做出一个明智的决定？你为什么愿意或不愿意？

____

____

____

如果你心存疑虑，请与辅导老师、牧师或者导师进行讨论。

留意危险信号

任何关系都会遇到困难，有时这些困难会表明一些根深蒂固的问题。这些问题如果不尽快解决，就会伤害你们的婚姻。如果你们的关系中存在以下危险信号，我们建议你尽可能和牧师、辅导老师或者导师进行讨论。

给婚姻关系带来困难的危险信号

1. 你总有一种不安的感觉，觉得你与未婚妻（夫）的关系有问题。

2. 你发现自己常常和未婚妻（夫）争论。

3. 你每次和异性交往时，未婚妻（夫）都似乎失去了理性，感到很嫉妒。

4. 你因为担心未婚妻（夫）的反应，所以避免讨论某些问题。

5. 你的未婚妻（夫）很难表达自己的感情，或者情绪容易极端化（比如，生气时容易失控，以及过分恐惧等），或者在情绪的两个极端之间摆来摆去（比如，一会儿高兴，一会儿悲伤欲绝）。

6. 你的未婚妻（夫）表现出控制的倾向。这不仅意味着她（他）想当领导，还意味着她（他）似乎想控制你生活的各个方面：你的外表、你的生活方式、你与家人和朋友的交往等。她（他）似乎想操纵你，让你去做她（他）想做的事。

7. 出于恐惧而继续你们的关系。你害怕伤害你的未婚妻（夫），害怕如果你结束你们的关系，她（他）会做蠢事。

8. 你的未婚妻（夫）并不尊重你。她（他）总是在批评你，讽刺挖苦你。

9. 你的未婚妻（夫）不工作或者常常向你或朋友借钱。

10. 你的未婚妻（夫）常常想象自己这儿疼、那儿痛，接二连三地看医生，直到找到一个认为她（他）患有重病的医生才罢休。

11. 你的未婚妻（夫）没有能力解决冲突。她（他）不能面对建设性的批评，从来不承认错误，也从来不寻求别人的饶恕。

12. 在金钱、做决策以及安全感方面，你的未婚妻（夫）对父母有过多的依赖心理。

13. 你的未婚妻（夫）表现出某种不诚实，她（他）将有问题的行为合理化，或者为了自己的益处而歪曲话语等。

14. 你的未婚妻（夫）在身体、情感或性行为上，对你和别人表现出某种形式的虐待。

15. 你的未婚妻(夫)表现出吸毒或酗酒的迹象:没有理由便缺席或者错过约会时间、频繁出交通事故、有酒精或者浓浓的漱口水的味道、行为古怪、情绪波动很大、两眼发红、外表邋遢、令人费解的神经质行为等。

16. 在你们开始约会时,你的未婚妻(夫)生活方式突然出现巨大变化。她(他)的改变可能只是为了赢得你的心,婚后还会回到过去。

[经许可,节选自鲍菲立(Bob Philips)所著《如何更肯定他是我的另一半》(*How Can I Be Sure: A Pre-Marriage Inventory*)一书。]

在你们的关系中,你是否发现了这些警告的信号?如果是,你发现了哪些信号?

____

____

____

如果是,我们建议你尽可能与牧师、辅导老师或导师谈一谈。

特别警告

如果你们的关系中出现了任何警告的信号,而且你们发生了性行为,那么必须马上中止身体上的亲密接触。正如我们讨论过的,当上帝禁止在婚前发生性关系时,他考虑的是你们的幸福。这种亲密关系会造成一种捆绑,使你们的关系很难在需要时做出改变,也很难中断。

决策指南

正如水到渠成一样，当两个人越来越认真地对待他们之间的关系时，自然会问"上帝是否带领我们进入婚姻"的问题。这是不可避免的。这个问题十分关键，因为将对方视为上帝的赐予来接纳，需要相信是上帝将你们带到了一起。

生活中，许多基督徒在做重要决定时，很难解释他们是如何判断上帝旨意的。如果问 100 个基督徒："你是怎样知道上帝旨意的?"你会听到不同的回答，以至于你会怀疑他们看的是否是同一本《圣经》。

我们问过许多夫妇："你们是如何确定上帝呼召你们进入婚姻的?"这里是他们的部分回答：

"我一看到她，就知道她很特别。我们常常看着对方的眼睛，并问上帝是否真的打算让我们在一起。我们差不多会同时产生兴奋的情绪。我很难说清楚其中的原因，只是全身感到一阵战栗。"

"我知道她很适合我。她的性情与我的性情实际上很互补。我的弱项正好是她的强项。她是一个敬虔的女子，我感觉她好像是上帝为我预备的那一位。我是这么猜的。我们花时间祷告，但是到了一定的时候，时机成熟了。我们也只是依靠上帝的带领。除了这些事实，我说不出任何具体的事项。我觉得上帝没有在这件事情上给我亮过红灯，他没有阻止我。"

"我们是非常亲密的朋友，很合得来。我觉得自己生下来就认识她。而且，她也是一个基督徒。当时我想，我是一个基督徒，要娶一个有同样信仰的人。所以，我知道这是上帝的旨意。"

如你所见，基督徒对于如何明白上帝的旨意，持有许多不同的观点。问题是，有时我们领受的信息会有误，在选择配偶一事上尤其如此。例如，许多基督徒相信，如果他们遵行上帝的旨意，心里就会有平安。然而，有时顺从上帝的带领，反倒会带来焦虑和恐惧，就像你去一个自己曾经伤害过的人那里，向他道歉，寻求饶恕一样。我们的感觉和情绪非常多变，以感觉和情绪为依据来寻求上帝的带领，就像根据天气好坏来决定是否上班一样。

另一个普遍的认识是："在选择婚姻伴侣的事情上，上帝会做一些事，使我不犯错误。"但事实上，他们可能在错误的地方寻求他的声音。他们可能不习惯聆听圣灵在他们心中的引导。

另外一种认识是："《圣经》中具体列出了什么可以做，什么不可以做。除此之外，我们可以自主行事。"因此，你与谁结婚并不重要，只要你们两个合得来就行。但是，这种观念通常会限制圣灵的工作。圣灵不仅教导人，也会引导人。

经历这一课所讲的决策过程是十分重要的一个步骤，它能够使你进入合一的婚姻：

1.它会帮助你判断上帝怎样引领你们的关系。

2.它会给你结婚的决定盖上庄严的印章。

3.当你疑惑、恐惧时，你将能够回想起这个重要的时候。

4.它会成为一个事件，在你进入婚姻第 5 年、第 10 年、第 15 年时，你可以回顾上帝的带领。

5.对于一对情侣来说，无论你们订婚与否，经历这个过程，都是一种健康的做法。因为它会让你们的根基建立在上帝话语的基础上，并鼓励你们与上帝的关系不断成长。

与前面的特别活动一样，我们建议你们单独完成下面的材料，然后一起讨论。

特别提示

如果你正在考虑是否订婚，那么这项活动会帮助你明白如何辨认上帝的旨意。在阅读这份材料的过程中，做决定时不要感到有压力。这份指南提供了《圣经》为你设计的决策架构，当你相信时机合适时，再做决定。

如果你已经订婚，那么这项活动会帮助你思考一些重要的问题，确保你没有忽略任何事项。你会发现你的决定在某些方面得到了肯定，在某些方面受到了质疑。在你一生所做的所有决定中，这是一个你愿意多加审视的决定。借着这项活动可以再次检查自己所做的决定，不要害怕去验证它正确与否。

做决定的过程

你一旦明白了符合《圣经》的决策架构，就需要按照这个程序做出自己的决定。

- 我是否将这个人作为上帝的赐予来接纳？
- 我是否决定余生要为这个人的幸福负责？

你需要几个小时的时间完成下列的步骤。请找一个僻静的、不会受到任何干扰的地方，独自完成。

第一步：花时间与上帝独处

你可以从赞美上帝开始。带一个诗歌本，或者读一些赞美诗。让自己脱离生活中的一切缠累。你会发现，让自己放松下来，专注在上帝的身上，需要一两个小时的时间。

接着，向上帝承认自己未认罪悔改的一切过犯，确保自己与上帝的交通顺畅。正如《诗篇》六十六篇18节所言："我若心里注重罪孽，主必不听。"

第二步：宣告你愿意顺服上帝的旨意，无论上帝的旨意如何

许多基督徒没有经历这个关键的步骤，因此在生活中从来都不明白上帝的旨意。伟大的圣徒乔治·慕勒（George Mueller）曾经提到他判断上帝旨意的过程。请遵从他的如下建议：

> 我一开始便努力让自己的心进入这样一种状态：对于既定的问题，不带任何自己的想法。通常情况下，人的问题十有八九就在这里。无论主的旨意如何，当我们的心乐意遵照主的旨意去行时，难处十有八九便得到了解决。当一个人处于这样的状态时，通常他离上帝的旨意，只不过是咫尺之遥。

第三步：诚实地评估你们的关系

夫妻难以调和彼此之间的差异，可能是现在导致离婚最普遍的原因。两个人洋洋自得地进入了婚姻，几年后却发现，他们无法和睦相处。

悲剧在于，如果一对情侣在决定委身对方之前，能够诚实地对待他们的关系，那么许多婚姻就不会存在。他们的感情如此强烈，结婚的愿望势不可挡，以至于不能深入了解彼此的性情和背景。

特别提示

如果你还没有这样做过这项活动,那么在做之前请务必和未婚妻(夫)完成并讨论"特别活动 3:评估你们的关系"部分。在这项活动中,你将有机会对你们各自属灵生命的成熟度,回答一些棘手的问题。你会寻找和看见在你们的关系中可能存在的许多问题,这些问题可能会给你们的关系带来阴影,让你难以做出一个很好的决定。最后,这项活动还包括一个潜在危险信号的清单,这些信号表明你需要谨慎前行。

如果你已经和未婚妻(夫)完成并讨论了"特别活动 3"的部分,在继续下面的内容之前,重新看一看你们对这些问题的回答也许是一个不错的主意。

如果在完成"特别活动 3"之后,你感到焦躁不安,请与你的导师夫妇/牧师/顾问谈一谈。

第四步:考虑这个人是否就是上帝所预备的

一开始,请先写下你认为自己适合嫁娶之人的五个理由。思考本手册中你对各种问题的回答,还有你从敬虔人士那里得到的信息,以及从圣灵那里领受的感动。

1.＿＿＿＿＿＿＿＿＿＿＿＿＿＿＿＿＿＿＿＿＿

2.＿＿＿＿＿＿＿＿＿＿＿＿＿＿＿＿＿＿＿＿＿

3.＿＿＿＿＿＿＿＿＿＿＿＿＿＿＿＿＿＿＿＿＿

4.＿＿＿＿＿＿＿＿＿＿＿＿＿＿＿＿＿＿＿＿＿

5.＿＿＿＿＿＿＿＿＿＿＿＿＿＿＿＿＿＿＿＿＿

写下你认为现在适合结婚的五个理由。

1.＿＿＿＿＿＿＿＿＿＿＿＿＿＿＿＿＿＿＿＿＿＿＿＿＿＿＿＿

2.＿＿＿＿＿＿＿＿＿＿＿＿＿＿＿＿＿＿＿＿＿＿＿＿＿＿＿＿

3.＿＿＿＿＿＿＿＿＿＿＿＿＿＿＿＿＿＿＿＿＿＿＿＿＿＿＿＿

4.＿＿＿＿＿＿＿＿＿＿＿＿＿＿＿＿＿＿＿＿＿＿＿＿＿＿＿＿

5.＿＿＿＿＿＿＿＿＿＿＿＿＿＿＿＿＿＿＿＿＿＿＿＿＿＿＿＿

用一句话说明你为什么相信自己愿意接受的这个人，就是上帝为你预备的那一位。

如果恐惧或疑惑让你感到不安，请写下来。问自己下面两个问题，诚实地评估自己感到恐惧或疑惑的每一个事项。

- 我的疑惑是否来自于自己合理思想的结果？
- 这是否表明我对上帝缺乏信靠？

安排一段时间和未婚妻（夫）谈论这些问题。讨论自己的疑惑时，要将下面的问题记在心里。

- 他（她）是否认同你担心的问题？
- 他（她）是否愿意纠正你们关系中存在的问题？
- 他（她）是否愿意饶恕人，并恳求人的饶恕？

第五步：做出决定，并凭信心行动

一旦你确认上帝在带领你们的关系，你要做的就是要靠着信心来顺服。

如果你决定订婚，那么就满怀信心地订婚吧。如果出现了疑惑，就开诚布公地讨论。请求上帝在接下来的几周或几个月的时间内持续不断地验证你的决定。

如果你决定不订婚，那你就满怀信心去做吧。虽然这项决定会给你的感情带来难以置信的痛苦，你仍然可以靠着信心来行动，并且知道你是借着《圣经》的决策构架，做出了这样的决定。

- 要尊重并善待对方。
- 要明确地中断这一段关系。我们强烈建议你们在六个月内不要保持任何联系。一个明智的做法是：让能够忠告你持守这项决定的敬虔人士监督你。
- 这段时间过后，如果你认为上帝带领你们复合，在重新确立关系之前，你应该寻求智者的忠告。

第三部分

建立合一

PREPARING FOR MARRIAGE

在一个婚姻关系越来越脆弱的时代,夫妻双方拥有沟通的能力是建立幸福婚姻最重要的因素。

——盖洛普民意测验报告

真正的沟通

正确方向

你能否聆听、理解配偶，能否表达自己以得到对方的理解，能否积极解决你们之间的冲突，很大程度上决定了你在婚姻中经历亲密和合一的深度。

人们说，沟通对于夫妻关系，正如血液对人体一样重要。沟通滋养着人际关系，使这种关系能够继续生存下去。如果人们缺乏沟通，那么便不会有任何关系。

也许正因为如此，家庭生活（FamilyLife）每次对参加婚姻联合会的夫妻进行调查时，都会发现有许多夫妇寻求夫妻沟通和解决冲突方面的帮助：

- "怎样不出于自私地表达自己的感受?"
- "我似乎总是说错话,伤害我丈夫的感情。怎样才能避免?"
- "该如何调整我们的婚姻,才能进入更深的亲密关系?"
- "我们该怎样沟通,才不会彼此设下心理防线?"
- "我们为什么常常争吵?"
- "我不能经常地向配偶表达自己的感情,我该怎样克服这一点?"

你们之间的沟通也许非常令人满意。绝大多数夫妇在婚前辅导中发现,他们的关系中令人愉快的地方就是能够畅所欲言。

然而,你们可能说了很多话,但是沟通的程度实际上却没有达到你们所想像的。真正的沟通不只是说话而已。它是理解与被理解;是分辨说话时的语气;是发现不用言语表达的暗示;是对冒犯的适当回应;是在解决冲突;是知道说什么,知道什么时候说,也知道怎么说;是冒着了解与被了解的风险,并品尝其中的益处……

正如你在学习前两课时知道的,婚姻建立在你们与上帝的关系的根基上。在你们确立夫妻关系的属灵根基时,必须认识到沟通在你们关系中的重要性。

了 解 情 况

阅读下面的案例，然后回答后面的问题。

案例研究：鲍伯和雪莉的沟通问题

"她让我发疯，我受不了，都要叫出来了。"

鲍伯非常喜欢和同事李外出钓鱼。他们的关系并不只是钓鱼伙伴，鲍伯盼望与李谈话。

这天早上，鲍伯因为昨晚和雪莉发生冲突，感到很沮丧。冲突刚开始时，只是一些微不足道的事。他在餐桌上说要与他的家人一起过圣诞节，雪莉顿时陷入了沉默。他知道这表示妻子不高兴了，便问道："怎么了？"

"没什么。"

"那你为什么露出这个表情？当你生气的时候，就是这样。"

雪莉说："我现在不想谈这件事。"

"那好吧，你从来都不想谈。你以为那些让你不高兴的事都会自己烟消云散吗？雪莉，如果有问题，我们需要说出来。"

听了这些话，雪莉走进卧室，锁上了门。

鲍伯对李说："所以，我就站在那里，用拳头敲着门，说：'如果你不出来，我们的问题永远都不会得到解决！你不能永远藏在里面！'她却打开电视机，一晚上都没有出来。我只好在沙发上睡了一宿。"

李向淹没在水中的一块木头投下一个诱饵，想引诱一条大嘴鲈鱼从藏身处游出来。然后，他转向鲍伯，说："我感到你和雪莉每次出现问题时都会进入同一个模式。你想要进去，解决你们的冲突，而她却想逃跑，要躲起来。"

"是啊，她从来都不想谈。"鲍伯说。

"好啦，我问你：其他时候，你们的沟通怎么样？你们是否花时间在一起说话呢？"

"说什么？"

李笑了笑，说："我想，我已经发现了问题的一部分原因。"

1.许多夫妇在恋爱和订婚期间冲突很少，你认为是什么原因？

____

____

____

2.如果你是李，会怎样帮助鲍伯学习与雪莉沟通？

____

____

____

认 识 真 理

订了婚的情侣都会有争论，都会有意见分歧的时候。但是，他们通常会处在浪漫之中，忙着计划婚礼，实际上并没有经历许多冲突。所以，当暴风雨不可避免地闯入他们的家庭中时，他们会感到手足无措。

尽管冲突不可避免，但恋爱和订婚一个最大的益处就是让你们有机会培养有效沟通的能力。为了避免"婚后感情滑坡"，我们建议你们学习一些基本的沟通技巧。

聆听并理解

因为我们无法轻而易举地学会沟通的技巧，所以《圣经》中有许多章节谈到沟通问题。我们必须在这方面努力。

1.用自己的话说出下面《圣经》章节中的聆听原则。

---

a."但你们各人要快快地听，慢慢地说，慢慢地动怒。"（《雅各书》一章19节）

聆听的原则

b."使智慧人听见,增长学问。使聪明人得着智谋。"(《箴言》一章5节)

聆听的原则

____

____

____

2.如何将这些聆听的原则实际应用在你们现在的关系中?

____

____

____

聆听是一项辛苦的工作。它要求我们不光用耳朵去听,也要用眼睛和心灵去听。所以,真正的沟通需要养成正确的聆听习惯。

正确的聆听习惯

关注……	而不是……
所说的话	你听到这些话时的感觉
说话的方式:说话的语气、姿势等	只关注对方说的话
确认恰当可取的地方	为错误的指控进行辩护
问题	控告
理解	论断

聆听的问题

确认性的问题:

"你是在告诉我?"

"你说的意思是什么?"

总结性的问题:

"你刚才所说的那些话中,最想让我知道的是什么?"

"你现在最需要我给你什么?"

3.养成正确聆听的习惯,并在聆听时提出适宜的问题,将为你
　解决冲突带来哪些帮助?

____

____

____

表达自己,让人理解

1.用自己的话说出下面《圣经》经文中的聆听原则:

　a."污秽的言语,一句不可出口,只要随事说造就人的好话,
　　叫听见的人得益处。"(《以弗所书》四章29节)

　　说话的原则

____

____

____

　b."多言多语难免有过。禁止嘴唇是有智慧。"(《箴言》十章
　　19节)

　　说话的原则

____

____

c."凡事都有定期,天下万物都有定时。静默有时,言语有时。"(《传道书》三章1节,7节)

说话的原则

____

____

____

2.如何将这些原则实际应用在你们现在的关系中?

____

____

____

作为听者,我们必须努力弄清楚各种问题。同样,我们在表达上也必须谨慎选择说什么、怎样说以及什么时候说。根据经验,我们在表达时要考虑以下几个步骤:

决定你想说什么:

- 我的假设是什么?
- 我的信念是什么?
- 我的愿望是什么?
- 我的梦想是什么?
- 我的需要是什么?
- 决定怎么说:
- 激动地说?
- 难过地说?
- 带着负罪感说?

- 失望地说？

- 带着鼓励说？

- 决定什么时候说：

- 在进餐过程中，还是饭后？

- 在娱乐时？

- 在就寝时分？

- 当着孩子们的面？

- 在驾车过程中？

3.你认为这些说话的技巧，会给你解决冲突带来什么帮助？

关于舌头的力量以及聆听的耳朵，《圣经》上说了许多。如果你想拥有亲密的婚姻关系，那么少说多听是个聪明的做法。说话少的人更愿意将自己的益处放在一边，建造婚姻中的合一。他（她）能够更好地理解对方的观点，也愿意寻求配偶的益处。

解决冲突

事实证明：到目前为止，这一课讨论过的所有沟通技巧，会极大地帮助你解决婚姻中的冲突。

1.就解决冲突而言，下面的经文说了些什么？

"生气却不要犯罪。不可含怒到日落。"（《以弗所书》四章26节）

解决冲突意味着……

____

____

____

2.如果不应用这项原则，你们的关系会出现什么问题？

____

____

____

婚姻中的双方以不同的方式面对冲突，这很常见。这里列出了最常见的四种情形：

- **打赢为止型**：这是"我赢你输"或者"我对你错"的立场。你寻求占据上风。与得胜的需要相比，关系居于次要地位。

- **退缩型**：你不计代价，力求避免不舒适的感觉。你说："我不舒服，所以我要退场。"在解决冲突时你看不到任何希望，或者你没有力量来面对它。所以，你以"沉默"面对配偶。

- **屈服型**：你认为附和对方的要求，远比冒险发生冲突要好得多。"我不想引起争论，凡你想要的，都是好的。"对你来说，安全感比亲密的关系更加重要。

- **以爱解决型**：你决定采取步骤，谨慎而敏锐地讨论问题，以此解决冲突。解决冲突需要一种特别的态度，一种谦卑的态度，一种视婚姻关系高于冲突本身的态度。你看重你们的关系,胜过看重你的输赢,胜过看重舒服的感觉。

事实表明:前三种方式解决了多少冲突,就会产生多少问题。打赢为止型、退缩型和屈服型的方式可能会让你暂时避开眼前的冲突,却不能解决冲突引起的伤害、不满和愤怒。只有在爱中彼此面对,才能解决冲突。

3.就解决冲突而言,下面的经文说了什么?

"并要以恩慈相待,存怜悯的心,彼此饶恕,正如上帝在基督里饶恕了你们一样。"(《以弗所书》四章32节)

解决冲突意味着……

____

____

____

4.如果不将这项原则应用在你们的关系中,会出现什么问题?

____

____

____

解决冲突也需要饶恕,放弃权利,不去惩罚得罪你的人。这是基督徒生命中的奇迹:基督饶恕了我们,医治了我们与他的关系,我们再以同样的方式,医好我们与他人的关系。

根据真理

准确绘制婚姻航线

- 真正的沟通不只是说话而已。它是理解与被理解;是分辨说话的语气;是发现不用言语表达的暗示;是对冒犯的适当回应;是在解决冲突;是知道说什么,什么时候说,如何说;是冒着了解与被了解的风险,品尝了解与被了解的益处。
- 真正的沟通意味着听者要听清楚问题并进行总结。
- 解决冲突需要一项决定:在爱中彼此面对。
- 解决冲突需要饶恕。

 # 情侣活动 

了解实际

1. 花几分钟的时间,阅读"了解情况"和"认识真理"部分,分享并讨论你们对不同问题的回答。一定要让未婚妻(夫)解释她(他)的回答。

2. 当电话有静电干扰时,几乎无法用电话进行沟通。你所说的和所听的,都模糊不清,难以明白。在你与未婚妻(夫)每天的沟通中,你也会发现另一种静电干扰。它与电无关,却同样会给你们的沟通造成短路。如果你没有料到这种干扰，没有进行必要的调整，那你们的沟通就会出现问题。

每个人都有基本的表达方式，这并没有对错问题，只是表达方式不同而已。为了进行有效的沟通，你必须知道你和未婚妻（夫）在沟通方式上的差异。

a. 在下面的连续数列上用X标出你所处的位置，用O标出你认为你的未婚妻（夫）所处的位置。

表达方式连续数列

以事实为导向　　　　　　　　以感觉为导向

1　2　3　4　5　6　7　8　9　10

理性，富有逻辑　　　　　　　情绪化，很随意

1　2　3　4　5　6　7　8　9　10

思想"底线"　　　　　　　思想"这就是我的感觉"

1　2　3　4　5　6　7　8　9　10

难以表达自我　　　　　　　充满激情、善于表达

b. 与未婚妻（夫）一起讨论。你们的意见是否一致？

c. 描述过去的一次讨论，从中可以明显看出你和未婚妻（夫）表达方式的差异。

你们说了什么？

____

____

____

怎么说的？

____

____

发生了什么事？

____

____

3.在你成长的过程中，你的家人是如何解决冲突的？

____

____

4.在绝大多数冲突中，你采用最多的是那种解决方式？

　□打赢为止型　　□退缩型　　□屈服型　□以爱解决型

5.发生冲突时，你的未婚妻（夫）采取什么解决方式？

　□打赢为止型　　□退缩型　　□屈服型　□以爱解决型

6.是否有尚未解决的冲突，给你们的关系带来了损害？这些冲
　突是如何破坏你们的关系的？

____

____

7.你是否觉得自己难以承认错误？你的未婚妻(夫)呢？

____

____

____

8.你是否难以表达饶恕之情？你的未婚妻(夫)呢？

____

____

____

9.沟通练习：分享你们的生命历程。

轮流解释个人历史记录单中的生命历程。

在查看未婚妻(夫)的生命历程时，要记住你已经学到的真正的沟通原则。不要只听对方说的话，还要分辨她(他)说话时的语气，以及没有用语言表达出来的信息。要确保在适当的时候，使用确认性的问题和总结性的问题。最后，要确保你将注意力放在正确的地方。

这里有一些问题，可以就未婚妻(夫)在生命历程中描述的主要事件进行提问：

- 你当时对这件事感觉怎么样？
- 你现在又有何感觉？
- 你认为这件事对你的身体、智力、社交或属灵层面，产生了什么影响？
- 你认为到今天为止这件事是否仍然对你的情绪有影响？
- 这些事对你的梦想和愿望产生了怎样的影响？
- 这些事对你的恐惧和焦虑产生了怎样的影响？

- 你从这些经历中学到了什么？
- 这些事件在哪些方面造就了今天的你？
- 在你生命历程的起起落落中，你怎么看待你们的关系？

进行深入了解

下面是两个特别的选修作业，为愿意进行深入了解的人所准备。

1.请阅读丹尼斯·雷尼所著《永续亲密》（*Staying Close*）一书第 201-209 页。

2.完成本课最后"情侣面谈"活动部分。

给再婚人士

1.不良的沟通方式，如何导致你上一次婚姻的失败？关键是，你在沟通方面犯了哪些错误？（回顾本课中学到的原则）

____

____

2.为什么你相信自己在这次婚姻的沟通方面不会犯同样的错误？请写下这些原因。

____

____

____

3. 当你打算再婚时，你认为自己的沟通方式需要做哪些具体的改变？

____

____

____

你需要培养并实践哪些技巧？请复习一下本课中学到的原则。

____

____

____

额外收获：情侣面谈

聆听过来人的意见，是你为自己订婚和结婚所做的最有价值的事。这项活动正是要帮助你做这件事。你将发现自己现在需要种下什么种子，才能在今后五年、十年及二十年后，收获活泼、丰富、芬芳的婚姻生活。

说明

1. 与你们两个人都敬重并且爱戴的导师夫妇或另一对已婚夫妇(至少结婚五年)面谈，完成这项活动。
2. 询问这对夫妇他们是否愿意花时间和你们完成婚前辅导中的这项面谈活动。向他们说明，这项活动包括有关婚姻和家庭生活的七个问题。问题很简单，很直接，所以无需他们

做任何准备。

3. 可以在进餐、吃甜点或喝咖啡的时候进行面谈。你们可以轮流提问。如果你们还有别的问题想要询问，一定要得到他们的允许。

4. 记住要使用你们刚刚学到的沟通技巧。

- 要提确认性的问题和总结性的问题。

- 聆听全部的信息（言语、语气，以及没有用语言表达的其他信息）。

5. 做笔记。这段时光你的收获将非常宝贵。我们可以保证！

回顾过去

1. 说说你们是如何相遇，如何订婚的。对你们来说，生活像什么？

____

____

____

是什么让你们相互吸引？

____

____

____

你是怎样求婚的？

____

____

____

在此过程中，你的情感有哪些变化？

____

____

2.婚后前几年，你们有哪些最深情的记忆？ 为什么？

____

____

____

3.婚后前几年，你们在哪些方面的冲突最大？ 你们是如何处理
　这些冲突的？

____

____

____

4.与上帝的关系如何影响了你们之间的沟通？

____

____

____

5.结婚以来，你学到的最重要的功课是什么？

____

____

____

看看现在

1.在你们寻求彼此理解及相爱的过程中,你对配偶哪方面的
　认识对你帮助最大?

2.今天,你们的婚姻在哪些方面冲突最多?

　在解决这些冲突的过程中,哪些属灵原则对你们的帮助最大?

3.在保证全家相聚时间和两人独处时间优先的前提下,你们
　是如何安排日程表、工作和外出活动的?

4.有哪些实用的方法可以帮助你们，把与上帝的关系放在婚姻
　和家庭生活的优先位置？

____

____

____

展望未来

今天你们会送给我们那些建议，能够对 20 年后我们的婚姻生活
产生重要影响？

____

____

"两个人在婚姻关系中日复一日地生活在一起,这无疑
是罗马教廷没有注意到的一个神迹。"

——比尔·科斯比

(Bill Cosby)

角色与责任

⚛ 正确方向 ⚛

《圣经》阐明了夫妻双方明确而具体的角色。对此我们必须正确理解，并应用在实际生活中。

你正驾车沿街而行，忽然，身后传来了强劲有力、震耳欲聋的声响。一个少年人正驾车而来，他决定让500码内的所有人都听到他的音乐，享受聆听的快乐。你无法理解：音量这么大，这个小伙子怎么能开车和思考？

讨论婚姻中的角色也是如此。如果你试图心平气和地向某个人解释一种典型的切实可行的角色，你的声音很容易被文化发出的巨大噪音所覆盖。许多人甚至不喜欢听到"角色"这个词。对他

们来说，文明人从来都不说这个词。他们喜欢将理想的婚姻视为一种对等的关系，双方各付出50%。

具有讽刺意味的是，所有的婚姻都存在于某种类型的社会组织结构中。要想维持这种社会组织结构，丈夫和妻子在其中都必须扮演具体的角色。关键在于，不存在没有角色的婚姻。但是，我们的文化发出巨大噪音很大，扰人视听，所以，很少有人知道这些角色应该是什么，或者他们应该怎么办。在这一片混乱中，上帝借着他的话语明确谈到了应该如何经营婚姻。

在完成这一课的过程中，你将有机会从《圣经》的角度进行针对性的思考，并为上帝赐予你的为人夫或为人妻的角色做好准备。同时，你会看到以上帝永不改变的蓝图为基础建造婚姻的益处。

 了 解 情 况 

1.过去，在许多人看来，丈夫和妻子的传统角色是什么？

____

____

____

2.现在,请思考片刻:电视和电影等媒体是如何描述丈夫和妻子的角色的?

____

____

____

   a.在你看来,下面的哪些性情描述了当今人们对妻子的看法? 如果可能,请举例说明。(不用担心,可以选择多项)

☐ 女英雄　　　☐ 殉道者　　　☐ 牺牲者

☐ 临时人物　　☐ 罪魁祸首　　☐ 领导者

☐ 聪明人　　　☐ 暴君　　　　☐ 其他

举例:

   b.在你看来,下面的哪些性情描述了当今人们对丈夫的看法? 如果可能,请举例说明。(不用担心,可以选择多项)

☐ 英雄　　　　☐ 殉道者　　　☐ 无能的白痴

☐ 临时的角色　☐ 罪魁祸首　　☐ 先驱、开拓者

☐ 头脑简单、四肢发达的人　　☐ 领导者

☐ 暴君　　　　☐ 其他

举例:

3.下面列出的是影响你对婚姻中夫妻角色认识的几个方面,请将其排序。(使用1来代表对你影响最大的声音。使用6来代表对你影响最小的声音。)

——我对父母婚姻生活的看法

——我对当代文化的观察

——同龄人对婚姻生活的选择

——我从《圣经》和教会中学到的一切

——我所读到的、学到的、看到的

——其他

4.角色混乱对当代婚姻产生了哪些影响？

____

____

____

过去，我们的文化视男人为"一家之主"。他被认为是领导者、权威人物、决策者、挣工资的人、家里家外的维修人员、主管纪律的人。他的话就是法律。

女人的传统角色是要"顺服"自己的丈夫。她要保持家里的清洁与整齐，要烧饭，照顾孩子。她服从丈夫的意志，毫不质疑他的决定。

但是，在当代文化中，我们看到这些传统的角色定位在社会上引起了强烈的对抗情绪。婚姻中男人应该成为带领者的思想，看上去不公正，而且褊狭、残忍、陈旧。女权主义运动成功地说服了新一代的女性，让她们去寻求职业上的满足。待在家里照顾孩子的女人，被视为无知、无聊，人们认为她们做家务简直是在浪费时间。

当女人变得越来越武断时，许多男人在家中也变得越来越被动，社会的性别观也变得越发模糊起来。男孩子、女孩子长大成人后，对男女之别几乎都没有概念。

悲剧在于，当人们违背自己的性别角色时，他们实际上是在反对传统的角色分配模式。即使是社会中的传统角色，在很大程度上也不同于《圣经》对夫妻角色的真正定位。

现在，是该学习《圣经》的时候了。

 # 认识真理 

让我们快速回顾一下。

当我们思想《圣经》对夫妻责任的教导时，要记住一件重要的事：这些角色分配并不专断，也不是一种文化现象。这些角色并不表示社会特权或者等级，而是在彼此搭配中夫妻双方行使不同功能。这些功能与上帝对婚姻的旨意不可分割地联系在一起。夫妻角色是上帝完美旨意的一部分。

在婚姻关系中，夫妻双方都有"核心角色"和"核心回应"。我们将分别查看每一项。首先，我们需要给这些术语下定义。

关键术语定义

核心角色是上帝赐给丈夫或妻子的在婚姻生活中必须执行的一项功能。

核心回应是为了促使和鼓励配偶完成核心角色的功能，上帝需要丈夫和妻子做出的主要回应。

一个非常重要的宣告

今天,人们对男人和女人的角色存在严重的误解。因此,当我们讨论婚姻中男人和女人的角色时,重要的是不要对本课教导的内容过早下结论。当你完成这部分材料时,你会发现自己对这一主题的教导有了不同的认识。

在《构建你的婚姻团队》(*Building Teamwork in Your Marriage*)一书("家庭构筑夫妻系列《圣经》研究选读"之一)中,罗伯特·路易斯写道:

丈夫的角色和妻子的角色……应该视为核心角色,而非综合的生活方式。换言之,丈夫和妻子这样的角色对于婚姻来说虽然很必要,但并非婚姻的全部……围绕一个人的核心角色有许多空间,有极大的创意和灵活性。忽视、改变或破坏这些核心角色,会产生许多危机。

138

上帝对丈夫核心角色的定义：仆人式的领袖

1.阅读下列经文,在"头"字出现的每一处划线。

"因为丈夫是妻子的头,如同基督是教会的头。他又是教会全体的救主。"(《以弗所书》五章23节)

"我称赞你们,因你们凡事记念我,又坚守我所传给你们的。我愿意你们知道,基督是各人的头。男人是女人的头,神是基督的头。"(《哥林多前书》十一章2-3节）

a.根据上述《以弗所书》中的经文，丈夫作为仆人式领袖应该效法谁？

____

____

____

b.为什么你认为丈夫认识到自己作为"头"（领袖）的身份很重要？

____

____

____

2.下面哪些关键词和短语描述了领袖的两种类型？

耶稣叫他们来，对他们说："你们知道，外邦人有尊为君王的，治理他们，有大臣操权管束他们。只是在你们中间，不是这样。你们中间，谁愿为大，就必做你们的用人；在你们中间，谁愿为首，就必做众人的仆人。因为人子来，并不是要受人的服侍，乃是要服侍人，并且要舍命，做多人的赎价。"（《马可福音》十章 42-45 节）

耶稣的领袖角色	外邦人的领袖角色

3.你从以下关于丈夫要做妻子的头的经文中还领悟到了什么?

> "你们做丈夫的,要爱你们的妻子,正如基督爱教会,为教会舍己。"(《以弗所书》五章 25 节)

在婚姻关系中,上帝呼召丈夫成为仆人式的领袖,这是他的核心角色。他的领袖角色应当以基督为榜样。一位仆人式的领袖要像基督一样去服侍,像基督一样去爱人!他既是仆人,也是领袖,是二者的结合。

作为一个仆人式的领袖并不意味着……

- 成为作威作福的领袖,为了满足自己的需要自作主张,或者自私地操纵他人。
- 男人必须爱好交际,具有万人莫敌的人格。
- 他必须是一个被动而无为的领袖,很随意,很少或根本不引导妻子和家人。
- 男人不能委任他人为代表,或者妻子不能作为发起者。

作为一个仆人式的领袖确实意味着……

- 丈夫要承担全部责任,引导家庭的方向,并主动服侍妻子和家庭的各种需要。
- 他要承担责任,让妻子最大限度地发挥她的恩赐和能力。
- 为了妻子的益处,他要倾其所有,好使妻子成为合上帝心意的人。

- 为了妻子和家庭的益处，他要舍己，甚至献出自己的生命。

采取主动

- 要主动成为家庭中的属灵领袖。要祷告，参与教会敬拜，并学习上帝的话。
- 要主动留意家庭财政是否良好，家庭需要是否得到了满足，妻子在经济上是否有安全感。
- 要主动恳求饶恕，解决冲突，确保你的家是一个充满鼓励和安全的地方。

4.下面的表格鲜明地对比了仆人式的领袖、作威作福的领袖和被动无为的领袖在处理日常家庭事务方面的方式，请填空。

情形	作威作福的领袖	被动无为的领袖	仆人式的领袖
夫妻需要购买一辆车	他根本不考虑妻子和家庭的需要，自己想买什么车，就买什么车。	他延迟讨论，延迟决策，将购买和调查研究的责任推给妻子。而当他不喜欢妻子的选择时，不是难以沟通，便是大发脾气。	他与妻子深思熟虑，根据消费价格和喜好共同决定。他将家庭的需要置于个人爱好之前。
丈夫回到家里，家里一团糟，饭菜也没有准备好。			

面对维修汽车需要的巨额费用,夫妻二人对上帝是否会供应他们渐渐感到没有信心。			
丈夫想去山上露营,而妻子却想去海边度假。			

给丈夫的一句话:担当仆人式领袖的角色是一项非常重要的责任,它会考验你能否成为符合上帝心意的人。行使仆人式领袖的职责,忠于自己的承诺,去爱妻子和家人:这是你一生中最伟大的特权。

妻子对丈夫角色的核心回应:顺服

阅读下面的经文:

你们做妻子的,当顺服自己的丈夫,如同顺服主。因为丈夫是妻子的头,如同基督是教会的头,他又是教会全体的救主。教会怎样顺服基督,妻子也要怎样凡事顺服丈夫。(《以弗所书》五章22—24节)

注意，这段经文并没有呼召妻子服从丈夫，而是要顺服。顺服意味着授权给丈夫，使他有能力成为领袖。让丈夫成为仆人式的领袖，这是妻子的核心回应。

经文22节的要求最终关乎妻子与她的主。从来没有哪节经文吩咐丈夫要命令妻子顺服他，而是吩咐他要爱妻子，带领妻子，使她情愿顺服。

5.在生活中，有许多时候我们会很难顺服，你能否想出一些原因？

____

____

____

6.为女性准备的问题：对丈夫作为仆人式领袖角色的准确定义，是否让顺服的想法变得更容易、更合理？为什么？

____

____

____

要记住，顺服是妻子对丈夫的回应，而不是她的核心角色。这种回应可以鼓励丈夫扮演仆人式领袖这一核心角色。

上帝对妻子核心角色的定义：帮助者、持家者

耶和华上帝说："那人独居不好，我要为他造一个配偶帮助他。"（《创世记》二章18节）

又劝老年妇人，举止行动要恭敬，不说谗言，不给酒作奴仆，用善道教训人，好指教少年妇人，爱丈夫，爱儿女，谨守、贞洁，料理家务，待人有恩，顺服自己的丈夫，免得神的道理被毁谤。（《提多书》二章3-5节）

1.我们从《希伯来书》十三章6节得知："主是帮助我的，我必不惧怕。"知道上帝称他自己为帮助者，对同样被称为"帮助者"的妻子而言，会有什么样的感受？

____

____

____

对帮助者这个角色的准确理解表明，妻子提供了丈夫达到完全所需要的一切。这个角色是多么重要！丈夫生命中的许多空缺，唯有妻子有资格来填补。

2. 男性回答的问题：你在哪些方面需要未婚妻的帮助？

____

____

女性回答的问题：你在哪些方面需要未婚夫的帮助？

____

____

成为帮助者的反面就是成为竞争者。竞争者做的，与填补空缺、帮助软弱正好相反。他们总是利用人的软弱占据上风。一位好强的妻子会激起男人去进攻、报复或者退缩，而不是去关心、支持并满足女人的需要。

3.《提多书》二章4节中，保罗使用的"指教"其实是"培训"的意思。所以，保罗是在教导老年妇人，要她们在家务和家庭责任方面培训少年妇人。你认为在家中工作意味着什么？

在1世纪，这些话和现在一样激进。历史学家威尔·杜兰（Will Durant）描写《圣经》时代时说：

> [妇女]解放和现在一样彻底……她们在商店、工厂工作，纺织行业更是如此。有的女人成了律师和医生，有的女人在政治上很有地位。在上层社会，古老的信念日渐衰落，对婚姻、忠贞、为人父母等与生俱来的支持被冲刷得一干二净。从农场到城市的发展道路让孩子不再是一份产业，而是成了一项负债，一种玩具。女人喜欢性感、妩媚，而不喜欢富有母性的美丽。[2]

针对这样的听众，保罗呼吁女人要将家庭视为生活的中心，而非以职业为中心。

4.你认为，今天许多女性为什么认为职业发展比持家、养育后代更有满足感？

____

____

5.我们的文化常常将家庭主妇贴上软弱、没有满足感、生命毫无喜乐和目标的标签。但是，了解到上帝对婚姻的旨意和计划后，你认为上帝为什么要妻子和母亲专心持家？

____

____

请注意保罗在《提多书》二章3-5节的总结，他警告说："免得神的道理被毁谤。"

保罗的结论告诉我们，他在这方面的教导并不只是针对1世纪的女性。因为上帝的话永远都不会过时，像荣耀或毁谤上帝的话这样重要的问题，早已超越了文化和潮流。

这里的关键是，上帝创造了经营婚姻的组织架构。上帝设计了女人，好让她的丈夫得以完全。丈夫舍己，要成为妻子和家庭仆人式的领袖。当夫妻在婚姻中履行各自的角色时，他们便荣耀了上帝。

丈夫对妻子核心角色的核心回应：敬重她，赞美她

1.从下列章节中，请圈出描述妻子需要从丈夫那里得到的核心回应的词语。

　　"她的丈夫也称赞她，说：'才德的女子很多，惟独你超过一切。'"（《箴言》三十一章28~29节）

　　"与你一同承受生命之恩的，所以要敬重她。"（《彼得前书》三章7节）

2.男性回答的问题：为什么赞美和敬重这样的核心回应，对未婚妻成就《圣经》为她定义的角色非常重要？

____

____

____

如果她从你这里得不到这些，会怎样？

____

____

____

　　赞美和敬重好比丈夫对妻子的顺服。妻子因为得到丈夫赞美和敬重的鼓励，使她有能力蒙召作为帮助者、持家者。

　　丈夫和自己的家，能够体现一个妻子的价值，也能够赋予一个妻子价值。丈夫能否成为成功的男人，妻子发挥着非常独特的作用。他需要一个帮助者，没有妻子的特别关注，他很容易失去平衡，很容易产生盲点。在上帝的计划中，女人主要关注的是家庭中的一切。虽然丈夫蒙召要供养并管理家庭，但是，妻子特别的蒙召是使其成为一个家。这些神圣的挑战是她蒙召成为妻子的核心。

根据真理
准确绘制婚姻航线

·所有的婚姻都存在于某种类型的社会组织结构中。要想维持这种社会组织结构,丈夫和妻子就需要在其中扮演具体的角色。关键在于,不存在没有角色的婚姻。

·《圣经》阐明了夫妻双方在婚姻中的具体角色。

·核心角色是上帝赐给丈夫或妻子在婚姻生活中必须执行的一项功能。

·核心回应是为了促使并鼓励配偶完成核心角色的功能,上帝需要丈夫和妻子做出的主要回应。

·角色关乎一个人的责任,而非价值。在上帝面前,夫妻二人同样有价值。在对方面前,也是一样。

·丈夫的核心角色是成为仆人式的领袖,像基督一样去带领妻子,像基督一样去爱妻子。妻子对这一领导角色的核心回应是顺服。

·妻子的核心角色是成为一个帮助者/持家者,填补丈夫生命中的空缺,以家庭和家人为生活的中心。丈夫对妻子的核心回应是赞美和敬重。

1 罗伯特·路易斯,《圣经》研究选读本《建立婚姻中的协调合作》(*Building Teamwork in Your Marriage Bible Study Elective*),第116页。

2 威尔·杜兰特,《文明的故事:凯撒与基督》(*The Story of Civilization: Caesar and Christ*)第三卷。

情侣活动

了解实际

下列活动由情侣一同进行。

1.花几分钟时间，两个人一起讨论你们在"了解情况"和"认识
真理"部分所做的回答。一定要让未婚妻（夫）解释她（他）
的答案。

2.根据你学到的知识，写出下列术语的定义：
仆人式的领袖

帮助者/持家者

3.在你成长的过程中，父母在家中扮演什么角色？
a.婚姻关系中谁居领导地位？

____

____

____

b.教养孩子方面谁居领导地位？

c.他们如何做决定？

4.现在你和未婚妻（夫）对上帝所设计的丈夫和妻子的角色，认同程度如何？

不认同　　　　　　　　　非常认同

1　2　3　4　5　6　7　8　9　10

说明：

5.经历核心角色感受到的积极力量：

a.男性：告诉未婚妻，当你意识到到她是填补你生命空缺的帮助者时，你有什么感觉。

b.女性：告诉未婚夫，当你意识到他是主动为你着想的仆人式
　　领袖时，你有什么感觉。

____

____

____

6.体验没有履行核心角色时感受到的消极力量：

　　a.男性：告诉你的未婚妻，有一次你觉得她不是你的帮助者，
　　　　而是你的竞争者。这让你有什么感觉？

____

____

____

　　b.女性：告诉未婚夫，有一次你希望他采取主动，但是他没
　　　　有这样做。或者有一次你感觉他是一位作威作福的领
　　　　袖，而非仆人式领袖。这让你有什么样的感觉？

____

____

____

7.婚姻中的角色冲突，通常集中发生在重要决策和家庭责任
　　分工这两个方面。在本课的学习中，你领悟到了哪些道理，
　　可以帮助你避免此类冲突的发生？

____

____

____

进行深入了解

下面是两个特别的选修作业，为愿意进行深入了解的人准备。

1. 完成角色定位声明。

2. 如果需要对角色分配有更深的认识，请阅读罗伯特·路易斯（Robert Lewis）和威廉姆·亨德里克（William Hendricks）合著的《角色的震撼》（*Rocking the Roles*）一书。本书可从家庭生活（FamilyLife）购得。

给再婚人士

单独回答下面的问题，然后与未婚妻（夫）分享。

1. 在上次婚姻中，你是如何处理夫妻角色和责任的？

______

2. 在上次婚姻中，你对夫妻角色和责任的看法和做法，是否正在影响你和未婚妻（夫）现在的关系？如果是，有哪些影响？

______

3.至少列出你在上次婚姻中没有做到，但在这次婚姻中，你打算按照《圣经》有关教导去做的三件事。

____

____

____

额外收获：
角色定位声明

对于婚姻中的夫妻角色问题，众说纷纭。你们对夫妻角色和责任的信念及其为何如此相信，将是情侣向你们周围的人所做的一个最有力的宣告。

在这项活动中，你有机会明确地表达自己对这一关键主题的信念，并为之正名。清晰、准确地声明这一信念，按照上帝的心意建造婚姻，将为你带来保护和鼓励。

很有可能，你们在这些问题上的抗争会不止一次。你也许想在婚后重做这项活动。届时，你们会有经验来履行各自的角色和责任。

说明

1.独自就两个主题分别准备一份《角色定位声明》：

你相信夫妻在婚姻中各自的角色是什么，包括可以支持你这一信念的依据。

在婚姻中，你打算怎样活出这样的信念。内容要实际。

2.参考本课的笔记，明确表达自己的立场。

3.尽量让各个部分简短、明确。各自写下声明，请不要超过半页纸。

4.在写完个人声明后，与未婚妻（夫）见面，比较你们的立场。然后，一起推敲出一份你们一致同意的声明，说明你们对夫妻在婚姻中各自的角色持什么信念。这份角色定位声明将以"我们相信……"开始。

婚 姻 中 的 夫 妻 角 色

我们相信____

____

____

我们将这样活出这些信念_______________________________

____

____

签名_________　　日期 _____________

签名_________　　日期 _____________

见证人签名_____________　　日期 _____________

"有三种变化是非常明显的：心思、意念和钱包
的变化。"

——马丁·路德

对金钱的态度

正确方向

上帝拥有一切，我们是他一切资源的管家。

金钱之于婚姻，正如火柴之于汽油一样，具有爆炸性！总的来说，该怎么花钱、不该怎么花钱，这方面的分歧会擦出火花，引发大火。火势愈演愈烈，最后，婚姻也许会困在一场大火中，几乎不可挽回。

但是，在上帝看来，金钱却会点燃另一种不同的火花——彼此理解的火花。在夫妻二人决定按照上帝的旨意去行事时，你就会拥有令人难以置信的特权和责任：为了上帝永恒的旨意来管理他的钱财。这场大火会蔓延成圣火，是完全按照上帝的心意燃烧的火，这将对婚姻生活的各个方面产生积极的影响。

基督徒夫妇生活中的大部分时间，都在一起探讨怎样成为上帝所赐资源的好管家。有关消费、储蓄、施舍、投资、娱乐、津贴及许多相关事项的决策，都是他们一起经年累月深入讨论得出来的。

我们不想破坏你们婚前所有的乐趣（你们需要一些共同解决问题的惊喜），但是，有许多人认为即便在单身的时候，管理钱财也是一个挑战。如果你们现在讨论一些重要的问题，就会避免许多婚后的冲突。

在这一课中，你会发现：对于金钱和物质财富，什么是真正的满足。作为情侣，你们会有机会认真思考一下自己在金钱这个重要领域的态度、盼望和计划。这节课不会解决你将来在金钱领域面临的一切挑战，但是，它会告诉你一些你需要实际应用的基本真理和技巧。

了 解 情 况

阅读下面的案例，然后回答问题。

案例研究：鲍伯和雪莉的经济危机

鲍伯和雪莉一结婚就面临着经济方面的挑战。他们每天下班驾车回到自己狭小的公寓时，都会路过一个华丽的广告牌。上面画着一栋漂亮的房子，广告词非常醒目："你的家人应当享受最好的。"

许多朋友都在新默赛尔湖开发区买了房，房地产市场的行情也不错，似乎正是买房的好时机。朋友们常说："伙计，搬出旧房子后，我们感觉真不错！""这么狭小的房子，你们是怎么生活的？"雪莉也不断对鲍伯说："能有一个我们自己的房子该多好。"

一天，有人通知他们去取结婚照。当天晚上下班后，鲍伯和雪莉急迫地冲到影楼去取相册。照片看上去好极了，带给他们许多有关婚礼的美好回忆。但是，当鲍伯看到摄影师给他的账单时，好像被刺蜇了一样。他开始感到他们在墨西哥城、坎昆举行婚礼和度蜜月等其他账单的压力：酒店、机票、饭店、游览和礼物等。但是，鲍伯没有对雪莉说什么。他不想破坏这个美好的时刻。

就在这时，雪莉也感到了另一种不同的压力。感恩节就要到了，她的家人要来和他们一起过节。雪莉喜欢招待客人，她希望这一天他们的房间能够收拾得井井有条。她想，如果能够将那套瓷器凑齐，真是太好了。"鲍伯，我们只需要花300美元，就可以凑齐那套瓷器。我们可以经常使用这套瓷器来招待客人。"鲍伯想到那些还没有向雪莉提及的账单，但仍然同意了她的这项开支。

又过了几个月，鲍伯开始感到，家里就要入不敷出了。信用卡的欠账单随着家具和衣服的开支开始迅速上涨。

鲍伯说："雪莉，我们必须试着做预算了！"但是，几个月过后，他们放弃了支出记录。最后，干脆把预算本放在了一边。鲍伯嘟囔说："记账太繁琐了。"

春末，他们收到一张可以在某家百货商店消费75美元的赠券，外加两个人在豪华饭店的进餐券条件是和一个房地产代理商游览两个小时默赛尔湖开发区。为了领到免费的礼物，他们同意去那里看看。

在游览过程中，那里的房地产给他们留下了极其深刻的印象。看上去，在这个地方安家很不错。代理商提到，那里的房屋正

在以"超低价"销售，但这个价格只在当日有效。他还说，他们甚至可以将预付款的时间以很低的利息延长至90天。

交谈了几分钟，他们就做出决定："我们会应付过去的。再说，即使今后不得不卖掉这套房子，也可以赚到钱。我们必须冒点风险。"于是，他们对代理商说："我们要买下这套房子。"

他说："很好，你们不会后悔的。"

接下来的五个月，他们开始为金钱不断地吵架。雪莉认为鲍伯为自己买了许多华而不实的东西，浪费了许多钱。鲍伯一气之下，将管理钱财的事全推给了雪莉。"既然你那么聪明，你来负责管理这些账单吧！"

接着，一个金子一般宝贵的机会来到了。鲍伯在工作中得到了提拔。他的薪水增加了很多，但是，这意味着他需要在外面工作更长的时间。

房贷让他们过得很紧张。但是，两个人都有收入，他们勉强能够应付，每周甚至还可以到饭馆吃几顿。有一天，雪莉问了鲍伯一个问题："鲍伯，你认为我们应该把另一间卧室刷成粉色，还是蓝色？"这个问题永远改变了他们的生活。

为了庆祝雪莉怀孕，他们去自己最喜欢的饭馆吃饭，并观看了最近上演的一部电影。在驾车回家的路上，鲍伯想象着一个小男孩在挥舞着高尔夫球杆的情景。雪莉则微笑着，设想一个小女孩在玩着洋娃娃，玩过家家之类的游戏。

汽车里一片安静，清凉的晚风习习吹来。但是，有一个问题不断地困扰着他们：如果雪莉停止了工作，我们该怎么办？

1.你认为鲍伯和雪莉的情形在新婚夫妇中间是否很寻常？

　□不常见，可能每十对夫妇中有一对是这种情形。

　□很普遍，如今有一半夫妇存在这种问题。

　□非常普遍，绝大多数夫妇都曾经有过鲍伯和雪莉的经历。

　为什么？

____

____

____

2.列出你认为鲍伯和雪莉在这个过程中所犯的一些错误。

____

____

____

3.列出你认为自己婚后头几年在金钱方面极有可能犯的态度、行动或信念方面的错误。

　我最担心的五个方面：

　　a._______________________________________

　　b._______________________________________

　　c._______________________________________

　　d._______________________________________

　　e._______________________________________

　　鲍伯和雪莉的错误，对已婚夫妇来说都很常见。许多人虽然已经长大成人，但在处理钱财方面几乎没有受过什么训练。他们不知道如何安排开支的优先次序，并且深受当代文化和同龄人的影响，缺少建立并保持预算的基本常识。最重要的是他们缺乏上帝的金钱观。

认识真理

　　说到钱财，你首先要回答两个基本问题，才能知道《圣经》的金钱观。没有《圣经》的金钱观，你就会被文化的旋风、麦迪逊大街上的广告、内心的冲动以及难以预测的激情席卷而去。

这笔钱究竟属于谁？

1.阅读下面的章节，圈出表明谁拥有金钱的短语。

　　"地和其中所充满的，世界和住在其间的，都属耶和华。"（《诗篇》二十四章1节）

　　"耶和华啊，尊大、能力、荣耀、强胜、威严都是你的；凡天上地下的都是你的；国度也是你的，并且你为至高，为万有之首。丰富尊荣都从你而来，你也治理万物。在你手里有大能大力，使人尊大强盛都出于你。我算什么，我的民算什么，竟能如此乐意奉献？ 因为万物都从你而来，我们把从你而得的献给你。耶和华我们的上帝啊，我们预备这许多材料，要为你的圣名建造殿宇，都是从你而来，都是属你的。"（《历代志上》二十九章11-12节，14-16节）

2.请评论下面这句话：

"我将收入的 10%献给上帝，至于其他 90%，我想怎么花，就怎么花。"

我们挣的钱属于自己，无需向任何人负责，有这样的看法是很自然的事。但是，我们必须首先接受的基本真理就是：上帝拥有一切。

如果上帝是所有者，那还要我干什么？

1.下面的经文谈到了我们对上帝赐下的各种资源肩负的责任。

"人在最小的事上忠心，在大事上也忠心；在最小的事上不义，在大事上也不义。倘若你们在不义的钱财上不忠心，谁还把那真实的钱财托付你们呢？倘若你们在别人的东西上不忠心，谁还把你们自己的东西给你们呢？一个仆人不能侍奉两个主。不是恶这个爱那个，就是重这个轻那个。你们不能又侍奉上帝，又侍奉玛门。"（《路加福音》十六章 10-13 节）

2.有关钱财的第二个基本真理，由第一个真理演化而来。我们不是钱财的主人，只是上帝资源的管家。管家有哪些特征？

3.管家就是管理别人财产、金钱及其他事务的人，也就是他人的钱财和产业的监督人或管理者。

以这个定义为基础，与下面表格中的"主人"一栏相对应，填出"管家"相应的特征：

主人	管家
对自己负责	对主人负责
想做什么,就做什么	
财富的多少给他带来价值和尊贵	
他买得越多,挣得就越多	

4.如果上帝拥有一切，你只是受他托付的管家，下面哪一项最能代表你对金钱应当持守的态度？

□我们挣的钱越多,就会越富裕。

□我们如何管理钱财,真的并不重要。哎,都不是我们的。

□既然我们的钱财不多,上帝也不能对我们指望太多。

□我们对金钱的态度和行为会产生严重的属灵后果。

□有一天,我们有了钱,一定会用这些钱来荣耀上帝。

为什么？

____

____

____

讲求实际

1.根据在这一课学到的知识,你认为这些原则可以怎样应用在
下列领域?

  a.建立预算,坚持预算,在预算内生活

  b.婚礼和蜜月的费用

  c.你在婚后的生活方式

  d.奉献金钱用于上帝的事工

  e.负债

事实上,以上谈到的金钱观会影响你管理金钱的各个领域。
例如,你会认识到,你有责任凭借上帝赐给你的收入而生活。你

会密切关注自己对物质财富的态度，并更加严格地限制购物，将更多的财力用于上帝的事工。

2.就下列两段内容，给你和你的未婚妻（夫）打分。

    a.我目前的态度和做法反映了"上帝拥有一切"和"我只是他的管家"这两条基本真理。

    很差   很好

    1 2 3 4 5 6 7 8 9 10

为什么？

____

____

    b.我的未婚妻（夫）目前的态度和做法反映了"上帝拥有一切"和"我只是他的管家"这两条基本真理。

    很差   很好

    1 2 3 4 5 6 7 8 9 10

为什么？

____

____

依据以上两条基本真理，你可以制订出自己一生的理财原则。当两个人形成了符合《圣经》的金钱观时，会经历到婚姻带来的许多喜乐和恩惠。

根据真理

准确绘制婚姻航线

- 上帝拥有一切,我们是他所托付的管家。
- 并不存在所谓独立的财务决策。你在财务上所做的每一项决策都会影响将来的决策。
- 金钱本身并不是目的。它只是用来完成上帝的计划、成就上帝旨意的一个工具。
- 我们对金钱的态度,引导着我们在金钱方面的行为。
- 财务方面的根本问题从来都不是钱多钱少的问题,而是我们对待金钱的态度问题。

 # 情侣活动 

了解实际

1. 用几分钟时间一起分享并讨论你们在"了解情况"和"认识真理"部分的回答。一定要让未婚妻(夫)解释她(他)的答案。

2. 在下面的图表中标出最符合你和你未婚妻(夫)的描述。然后一起分享并讨论你们可能存在冲突的领域。

	你	你的未婚妻（夫）
	需要时,我才购买。	
	特价时就采购东西,然后闲置。	
	去折扣店、廉价超市买东西!	
	到商业街——特别是精品店采购,我只要名牌。	
	汽油都是一样的,我才不在乎在哪里买。	
	街那头的汽油便宜3美分。	
	我这个月的支票本竟然有50美元的差额,太可怕了!	
	在查清楚支票本和银行账单的差额之前,我不会再花一分钱。	
	今天晚上我们不该去看电影,因为我们已经花完了这个月的娱乐费。	
	这方面的预算不太够,所以我从下个月挪用了一些。	

绝大多数夫妇发现,他们在许多方面差异很大。通过学习,你已经知道你们的差异并不是消极的。而且我们在第一课已经讲到,正是差异将你们带到一起的。

你的目标不应该是改变你的未婚妻（夫）,让她（他）像你一样来处理有关钱财方面的问题,而是两个人以相同的财务观一起经营:上帝拥有一切,我们是他所托付的管家。

3.将你从这一课中学到的最重要的理财观念简短地写下来,并一起分享。

____

____

____

4.分别列出七项你们特别看重的物品，要具体（比如，我的音响、存款、汽车、祖母的瓷器等）。然后一起分享。

____

____

____

进行深入了解

1.完成"额外收获"部分有关制定预算的活动。这项活动只适用于已经订婚，并且将在四个月内举行婚礼的情侣。在此之前，将你们的钱物混在一起是不成熟的表现，也是不明智的。

2.如果你需要在管理钱财方面得到更多的帮助，我们建议你阅读赖瑞·巴克（Larry Burkett）和迈克尔·泰勒（Michael E. Taylor）合著的《婚前款项》（*Money Before Marriage*）一书。

给再婚人士

独自回答下列问题，然后与未婚妻（夫）分享。

1.你从前一次婚姻中，学到了哪些对你再婚会有所帮助的理财方面的功课？

____

____

____

2.上次婚姻留下来的相关债务,会对你再婚后的生活产生哪些影响? 你会如何处理这些问题?

____

____

____

3.如果前任配偶愿意给你提供某种形式的经济支持,在这一次婚姻中,你将如何处理这笔收入?

____

____

____

4.你是否有从前一次婚姻得到的东西(房屋、照片、令人感伤的物品等),会给你的未婚妻(夫)烦恼,并且需要你们协商解决?

____

____

____

额外收获：制订预算

在婚期临近时开始制订预算，会让你从新婚时就控制好自己的开支。填表时，你需要问自己一些重要的问题：

·你是否有足够的储蓄，可以满足长期的需要？

·使用这个预算，你能否能远离债务？

·为了持守这个预算，你必须做出哪些牺牲？

·如果妻子怀孕，你们能否靠丈夫的收入生活？

家庭预算

日期：		月收入：	
预算类型	每月开支	每月开支之外	总计
住房			
房贷、租金			
保险			
地产税			
电费			
燃气费			
水费			
卫生管理费			

清洁费			
电话费			
维修保养费			
日用品			
其他			
总计			

预算类型	每月开支	每月开支之外	总计
食物			
衣物			
交通			
保险			
汽油和润滑油			
维修保养费			
停车费			
其他			
总计			

预算类型	每月开支	每月开支之外	总计
娱乐/消遣			
外出用餐			
看电影,听音乐会等			
请保姆			
杂志/报纸			
度假			
俱乐部/社交活动			
其他			
总计			

预算类型	每月开支	每月开支之外	总计
医疗费用			
医生			
牙医			
保险			
药品			
其他			
总计			

预算类型	每月开支	每月开支之外	总计
其他保险			
人寿保险			
意外伤害险			
其他			
总计			

174

预算类型	每月开支	每月开支之外	总计
孩子			
学费			
学校餐费			
零花钱			
功课/活动			
其他			
总计			

预算类型	每月开支	每月开支之外	总计
礼物			
圣诞节			
生日			
结婚纪念日			
其他			
总计			

预算类型	每月开支	每月开支之外	总计
其他			
化妆品			
丈夫的其他开支			
妻子的其他开支			
保洁、洗衣费			
照料宠物			
理发			
其他			
总计			
总计生活费用			

"与某些人的认识相反,性并不是一种罪。与休·赫夫纳(Hugh Hefner)的认识相反,性也不是一种拯救。像硝化甘油一样,性既可以用来炸毁一座桥梁,也可以用来医治人的心脏。"

——弗雷德里克·毕希纳
(Fredrick Buechner)

亲密关系

～ **正确方向** ～

性是上帝的主意

　　你觉得在哪里会看到这些文章的标题呢？《如何维持一场充满性爱的婚姻？》、《妻子希望丈夫知道的五个性爱秘密》、《性的极限——别的女人在床上做什么或不做什么？》只有在书报摊的成人区才可以看到这些文章吗？请试着读一读《读者文摘》吧！

　　打开电视，我们很难搞清楚许多商业广告卖的究竟是什么产品。是在卖性，还是在卖谷物？卖隐私，还是在卖速溶咖啡？这则广告是在宣传乘船游览加勒比海，还是在宣传一本色情小说？面对"没有法律规定，你不能在星期二下午四点做爱"这样的广告

词，观众很难明白电视里宣传的产品到底是什么。

性已经变成了一种文化狂热。然而，当代文化所描绘的性是一件廉价的赝品，曲解了上帝的原意。就像一把手术刀，设计它的原意是造福于病人，但如果落在坏人手中，就能伤人。同样，性也遭到扭曲，失去了它原本的目的，带来了极具破坏性的后果。

在本课中，你会窥见上帝在亲密的性关系中，赐给我们的特权和令人难以置信的力量。你会发现一些可能是错误的观念，并用符合《圣经》的观念来取代它们。你将有机会谈一谈自己的恐惧和期望，并更加感激上帝赐给你的性别。更好地明白男女之间的差异会使你们的婚姻关系更加坚固。

重要说明

如果有可能，这部分内容应该当着导师、牧师或顾问的面完成。而且，在开始之前，要花几分钟时间阅读本课的末尾部分："过去：我应该分享多少？"那里会提供一些指导，告诉你对于过去的性经历，应该分享到什么程度。为了你和你的未婚妻（夫），在不要在阅读那部分内容之前开始本课的学习。

了解情况

1.从下面各所"学校"中,你接受性教育的百分比各占多少(加起来
   要等于100%)?

   ___%　同龄人学校:我的朋友们谈论我们所想的、所知道的、
   所听到的一切。

   ___%　家庭学校:我的父母给我讲什么是性。

   ___%　私人学校:我自己读书,或者问父母以外的其他人。

   ___%　基督徒学校:教会、主日学或青年团契。

   ___%　现实学校:我的亲身体验。

   ___%　银幕学校:电影、录像或电视。

   ___%　其他学校:＿＿＿＿＿＿＿＿＿＿＿＿＿＿＿＿＿＿

2.你从这些学校里学到了哪些有益的东西?

＿＿＿＿＿＿＿＿＿＿＿＿＿＿＿＿＿＿＿＿＿＿＿＿＿＿＿＿＿＿

＿＿＿＿＿＿＿＿＿＿＿＿＿＿＿＿＿＿＿＿＿＿＿＿＿＿＿＿＿＿

＿＿＿＿＿＿＿＿＿＿＿＿＿＿＿＿＿＿＿＿＿＿＿＿＿＿＿＿＿＿

3.你从这些学校里学到了哪些有害的东西?

＿＿＿＿＿＿＿＿＿＿＿＿＿＿＿＿＿＿＿＿＿＿＿＿＿＿＿＿＿＿

＿＿＿＿＿＿＿＿＿＿＿＿＿＿＿＿＿＿＿＿＿＿＿＿＿＿＿＿＿＿

＿＿＿＿＿＿＿＿＿＿＿＿＿＿＿＿＿＿＿＿＿＿＿＿＿＿＿＿＿＿

4.在今天的文化中,学习《圣经》对性关系的教导为什么很重要?

____

____

不幸的是,我们绝大多数人接受的性教育都少得可怜。我们的知识、观念和经历遭到了文化的扭曲;我们总是从人的观点学习性知识。为了在结婚时建立良好的性关系,你需要知道创造主对性的看法。

认识真理

"因此,人要离开父母与妻连合,二人成为一体。"
(《创世记》二章24节)

这里首先要注意:是上帝创造了性。这个观念听起来很简单,却意义深远。

1.列举一些理由,说明把性看作上帝最初计划的一部分为什么非常重要。

____

____

____

现在，让我们看看"一体"（one flesh）这个词。你也许会想到，在第二课中我们讲过，这个短语的词根是"一"（oneness）。成为一体涉及很深的亲密关系，其中，性关系是一个必要的组成部分。

让我们看一看路易斯·伊万博士（Dr. Louis Evans）有关"一体"的说明：

> 婚姻中的一体不但是一种身体现象，也是两个个体的全然合一。在婚姻中，夫妻借着誓言，在灵性上成为一体；借着共同拥有一切，在经济上成为一体；借着相互协调时间和在各样生活支出上达成一致，在生活上成为一体；借着一起走过阴暗的幽谷，一起登上成功的山峰，在经验上成为一体；借着身体上的联结，在性关系上成为一体。

2.这种性观念与我们今天的文化有什么不同？

____

____

____

性不只是一种生理上的行为。上帝创造的性，是亲密沟通的一个过程，身体上的性行为是其中一个很重要的部分。性的联合是一种非常有力、非常情感化的体验，旨在强化婚姻的关系，就好像用钢筋来坚固混凝土一样。

婚前性行为在今天的文化中非常普遍，有人认为保持婚前的贞洁如果不是假正经，就是一种落伍的思想。但是，当上帝禁止我们在婚姻之外发生性关系时，他对我们有最美好的安排。他希望我们能经历到最好的性关系，而非一种低级、拙劣的性关系。

正确的目的

阅读以下章节,用自己的话说明:性在婚姻中的目的是什么。

第一个目的

"上帝就赐福给他们(亚当和夏娃),又对他们说:'要生养众多,遍满地面。'"(《创世记》一章28节)

"儿女是耶和华所赐的产业,所怀的胎是他所给的赏赐。少年时所生的儿女,好像勇士手中的箭。箭袋充满的人便为福。"(《诗篇》一二七篇3-5节)

1.根据这些话,上帝创造性的第一个目的是:

____

____

第二个目的

"要使你的泉源蒙福,要喜欢你幼年所娶的妻。她如可爱的麀鹿,可喜的母鹿。愿她的胸怀使你时时知足,她的爱情使你常常恋慕。"(《箴言》五章18-19节)

2.根据这些话,上帝创造性的第二个目的是:

____

____

第三个目的

"但要免淫乱的事，男人当各有自己的妻子，女子也当各有自己的丈夫。丈夫当用合宜之分待妻子，妻子待丈夫也要如此。妻子没有权柄主张自己的身子，乃在丈夫；丈夫也没有权柄主张自己的身子，乃在妻子。夫妻不可彼此亏负，除非两厢情愿，暂时分房，为要专心祷告方可；以后仍要同房，免得撒旦趁着你们情不自禁，引诱你们。"（《哥林多前书》七章2-5节）

3.上帝创造性的第三个目的是：

____

____

____

上帝对婚姻中性生活的目的，可以用三个关键词来总结：

繁殖后代：性是为了繁殖后代。上帝吩咐要"生养众多，遍满地面"。他从来都没有改变，也没有撤销这个命令。

彼此愉悦：性是为了夫妻彼此间的愉悦。与中世纪教会的解释不同，上帝是性愉悦的创造者，而非谴责者。

保护：性是为了保护夫妻不受试探。婚姻中性关系上的彼此亏负，会导致配偶在婚姻之外去寻找满足。

4.在这些目的中,哪一个令你感到意外,或者是你第一次听说?

____

____

____

这一新的认识会对你的性观念产生什么影响?

____

____

____

5.你是否难以认同这些性的目的? 如果是,为什么?

____

____

____

184

理解我们的差异

研究人员不断观察到,性关系中男人和女人在态度、需要和回应方面始终存在差异,这证实了上帝将我们造成男人和女人的目的。男女两性截然不同。了解了这方面的差异,才能发展一种健康的、令人满意的性生活。

1.阅读下面的图表,圈出你以前没有认识到,或者在你看来很醒目的内容。

注:总的来说,这是一些常见的差异,并非具体事实。请不要使用这份图表来判断你应该怎样,最好使用它来帮助你了解自己的未婚妻(夫),也帮助对方来了解你。

常见的性行为差异		
	男人	**女人**
态度	身体取向 性行为与其他方面是分离的	关系取向 性行为与其他方面是整体的
刺激	以身体为中心 视觉 嗅觉 行动	以人为中心 触觉 态度 言语
需要	尊重 身体的需要 身体表达	尊重 情感的需要 亲密的关系
性 反应	无周期性 兴奋所需的时间短 很难分散注意力	有周期性 兴奋所需的时间长 很容易分散注意力
性欲	持续时间较短,感觉较强烈 更注重身体	持续时间较长,感觉更深层 更注重情感

2.由于男人普遍在性行为上更注重身体,而女人则更注重关系,在婚姻中的性关系上,你认为可能会出现什么问题? 在这些问题中,男女两性在认识上有何差异?

3.激起女人的性欲通常需要较长的时间。为什么让男人认识到这一点很重要?

4.身体上的需要是男人内心深处的欲望。为什么让女人认识到这
   一点很重要?

____

____

____

一份最不可思议的礼物

在美满的婚姻关系中,性是夫妻双方分享的最隐秘的行为,是他们彼此连合的仪式。婚姻中的性爱用身体表达了夫妻在情感、精神和属灵层面上合一的真正含义。它是上帝赐给你的一份美妙的礼物!不要怯于谈性,也不要管其他夫妇会怎么做。享受彼此在一起的时间吧!

根据真理

准确绘制婚姻航线

- 因为性是上帝创造,我们与他的关系不断长进,就是增进夫妻性生活最重要的事。
- 性不仅是一种行为,而是亲密沟通的过程。上帝创造性有三个目的:繁殖后代、彼此愉悦和保护。
- 了解并讨论各自对性爱的期待会缓减恐惧,解除潜在的爆炸物,并将可能的冲突挡在门外。
- 了解性别之间的差异,从而发展健康、彼此满意的性生活。
- 婚姻中的性爱用身体表达了夫妻在情感、精神和属灵层面上合一的真正含义。

情侣活动

了解实际

1. 花几分钟时间，两个人一起讨论你们在"了解情况"和"认识真理"部分的回答。一定要让未婚妻（夫）解释她（他）的回答。

2. 根据前两页的图表"常见的性行为差异"，独自完成下面的句子，然后一起讨论。

   我需要你从这个图表中了解到：因为我是一个男人/女人，所以……

   ____

   ____

   ____

3. 各自写下你在性关系中迫切期待的三件事，以及你感到忧虑不安的三件事：

期待	担忧

a.一起分享你们的答案。

b.问未婚妻（夫），你现在或将来可以做什么，来缓减或解除她（他）最担忧的问题。

4.下面哪一种天气现象能够最好的描述你对新婚之夜的期待？

□龙卷风：专注、动作快速、强烈、狂野、空前。

□飓风：有力、有方法、动作缓慢、强烈的气流不可思议地环绕着宁静的中心。

□暴风雪：寒风彻骨，零下20度，万籁俱寂，雨夹雪像鞭子一般抽来。接着，耀眼的白雪如地毯一般覆盖着地面，质朴而纤弱。

□雷阵雨：闪电、雷声、狂风、大雨、冰雹。

□没有雷声的闪电：远处电光闪闪，但在你这里却什么也没有发生。

□大雨：冰冷、令人窒息的阵雨打湿了你的激情。

a.向未婚妻（夫）解释你的答案。

b.讨论你们对新婚之夜的不同期待。

5.你怎么看待节育？

____

____

____

6.关于上帝所设计的亲密性爱,你从本课中学到的最重要的知识
是什么?

____

____

____

进行深入了解

如果需要更多有关亲密的性关系的信息,我们建议你阅读艾
德·惠特夫妇(Ed Wheat, Gaye Wheat)合著的《浓情蜜意》(*Intended
for Pleasure*)一书。

给再婚人士

各自回答下列问题,然后与未婚妻(夫)分享。

1.如果你在性爱方面不自觉地拿未婚妻(夫)与前任配偶比
较,怎么办?

____

____

____

2.列出你需要独自处理以及与未婚妻（夫）一起应对的各种伤害，
包括情感、身体、灵里以及心理几个方面。

———————————————————————————

———————————————————————————

———————————————————————————

3.鉴于以往婚姻的教训，彼此讲明各自对未来的婚姻生活有哪些
疑问和顾虑。并且写出来，一起讨论该如何解决。

———————————————————————————

———————————————————————————

———————————————————————————

额外收获：
关于过去，我应该分享多少

　　我们生活在一个性关系混乱的时代。人们推崇安全的、有保护的性关系，却忽略了在上帝设立的婚姻之外发生性关系对人类的心灵造成了多大的伤害。这个世代的人由于过去的选择，带着深深的伤痛和疤痕结婚、再婚。当一对情侣考虑结婚时，他们可能对自己过去的选择怀着遗憾和内疚，在想："关于过去，我要告诉对方多少呢？"

　　这并不是一个容易回答的问题，原因如下：

·分享过去的错误和罪可能会让你们感到耻辱和痛苦。

·这可能意味着，你需要向未婚妻（夫）坦承从前的一个谎言。

·这可能意味着要旧事重提，而这正是你想要忘记的。

·这可能导致解除婚约。

也许你受到这样的试探：不告诉他（她）过去发生的任何事。作为基督徒，你们的罪毕竟已经在十字架上得到了赦免。《圣经》说："如今那些在基督耶稣里的，就不定罪了。"（《罗马书》八章1节）

虽然在我们与上帝的关系中，这种赦免是真实的，但在你们走向婚姻的过程中，必须诚实面对过去犯罪所造成的后果。虽然你不需要分享每一个细节（稍后会说明），但是不能回避这样一个事实：过去的选择影响了你的生命。如果你和未婚妻（夫）想对婚姻做出可靠的决定，就要诚实地面对过去。与其对配偶隐瞒真相，让对方在恐惧、欺骗和羞辱中生活，不如在婚前说实话。

与对方分享你的过去还有一个好处：只有在你们彼此认罪时，真正的医治才会发生。上帝能够使用婚姻医治每个人过去所受的伤害——在处理不道德的性关系方面，尤其如此。许多人向未婚妻（夫）认罪，坦承过去留下的创伤，然后得到了饶恕、恩典和自由。

讨论这些问题并不容易。对于你感到挣扎的问题，并没有"一刀切"的解决方案。下面的原则和观点可以引导那些在挣扎中不知道自己"该做什么以及怎么做"的人。

给"觉得应该告诉对方，却说不出口"的人：

1.将你觉得要告诉未婚妻（夫）的事情逐一列出，包括你经历过的事件、选择和伤痛。虽然不需要提到细节，但一定要将那些会影响你们现在关系的事情说出来（比如身体/情感虐

待、性病等具体问题）。

2.全部列出来之后，要确信在这些事上你已经得到了上帝的饶恕和洁净。如果不能确信，请用一些时间祷告、认罪悔改。《约翰一书》一章19节告诉我们："我们若认自己的罪，上帝是信实的，是公义的，必要赦免我们的罪，洗净我们一切的不义。"所以，你会经历上帝的饶恕。

3.决定你应该与未婚妻（夫）谈论列出来的哪些事，以及这样做的原因。如果你对一些事持有怀疑的态度，那么在与未婚妻（夫）谈论之前，一定要寻求有智慧的敬虔人士帮助。一个富有同情心、善于聆听、常常在祷告中纪念你的人，在你婚前婚后都能够引领你。

4.安排好面谈的时间、地点。选择一处可以自由表达自己情绪的地方。

5.在见面之前，你要祷告未婚妻（夫）会有力量、有恩典，以爱的方式来回应。但是，和未婚妻（夫）见面时不要指望马上会得到对方的饶恕。她（他）可能需要时间来处理情绪，思考从你那里听到的信息。

6.交谈时，要说明你为什么认为告诉她（他）过去的这些事情很重要，但说到细节时一定要谨慎，要避免分享那些不需要谈论的信息，因为具体的细节可能成为你们婚后的问题。过多地谈论细节，会给自己所爱的人带来太多的情景信息。要避免病态的好奇心理。

7.要给未婚妻（夫）一些时间来处理这些新的信息。这个过程可能伴随着伤痛、愤怒或者冷淡。

8.如果你们中的一方不能从分享信息所带来的伤害中走出来，请一起或独自寻求智者的帮助。如果这样做还不能饶恕与和好，那么我们建议你们延迟婚礼，或者取消婚约。如果上帝呼召你们进入婚姻，那么他完全的爱会在你们的心中显明。他的话告诉我们："爱里没有惧怕。"（《约翰一书》四章18节）

给"聆听忏悔"的人：

如果你发现未婚妻（夫）在向你坦承她（他）的过去，在向你认罪，那么请注意以下三点：

1. 认真聆听对方所分享的信息。问问自己：她（他）为什么要和我讲这些？要从她（他）的过去和丑陋中看到那颗正在与你分享的破碎心灵。

2. 在上帝面前思想自己的身份：一个蒙上帝恩典得救的罪人。难以分享过去的一个原因是：我们都不完全。我们的爱并不完全，却骄傲地认为自己配得完全，所以可能会受到试探，因为一个人过去的失败而定她（他）的罪。然而，上帝却呼召我们要彼此饶恕。要记住，他饶恕了你多少过犯！

   例如：如果你保持了童身，你可能发现与自己订婚的那个人却不是童身。在通常情况下，保持童身的人会很难饶恕对方，往往和对方的失败过不去。有趣的是，保持童身的男士更难饶恕未婚妻失身一事。

3. 鉴于未婚妻（夫）所讲的信息，你可能认为结婚不是明智之举。虽然这从情理上说得过去，但是在她（他）和你分享过去的错误时，不要让骄傲阻止了你以爱和饶恕来回应。

最后我要说的是：你们婚后争吵时，无论谁都不能使用现在得知的信息来攻击对方。饶恕是婚姻中一个必要的组成部分。当我们选择饶恕时，便放弃了惩罚的权利。

最后一项活动

祝贺你学完了《踏上红地毯》这本婚前预备手册!经过许多辛苦学到这里,我们相信上帝已经使用了这个过程,使你与他更加亲近,也使你们的关系更加亲密。如果他带领你们结婚,那么你从这里学到的原则以及在这段时间内的沟通,将成为你们在婚姻中合一的基础。

现在,你已经学完了这本手册,最后还有一些建议:

1.翻到"特别活动4:决策指南"部分。如果你还没有决定是否结婚,那么现在就可以做出决定。

如果你已经做出了决定,那么请用几分钟的时间回顾一下自已的回答。你是否对伴侣以及你们未来的婚姻还持有同样的信心呢?

____

____

____

2.你是否已经准备好接纳你的伴侣为上帝的赐予? 如果是,请在下面的声明上签字,并注明日期。

____

____

一

> 我可以全心全意地接纳＿＿＿＿＿＿＿＿为上帝赐给我一生的、
> 最完美的婚姻伴侣。
>
> 签名＿＿＿＿＿＿＿＿＿
>
> 日期＿＿＿＿＿＿＿＿＿

3.选择一段《圣经》经文，作为你们将来建造婚姻和家庭的基础。例如，一对情侣选择了《箴言》三章3节："不可使慈爱诚实离开你，要系在你颈项上，刻在你心版上"。他们选择"慈爱"和"诚实"两个词，并刻在了他们的婚戒上。这两个词会时刻提醒他们需要一生建造的婚姻的支柱是什么。

4.《申命记》二十四章5节说："新娶妻之人不可从军出征，也不可托他办理什么公事，可以在家清闲一年，使他所娶的妻快活。"即使不是军人，也要听取这段经文的建议，用婚后第一年的时光来发展你们的关系。要经常向许多活动说"不"，在婚后第一年要常常和你的配偶在一起。一年以后，你们有许多时间可以用来关注其他人。这一年委身的时间会给你们的婚姻奠定坚实的基础。

5.本手册中的许多原则取自家庭生活·婚姻会议(Family Life Marriage Conference)以及"建造家庭·婚姻系列"(Home Builders Couples Series)的研究成果。

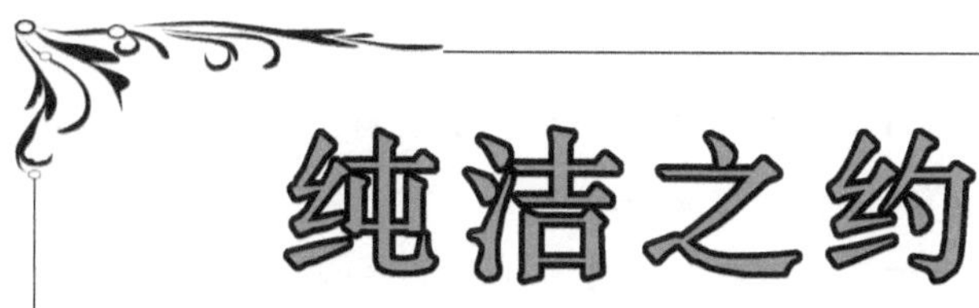

纯洁之约

　　从世俗的观点来看，婚前保持性关系的纯洁，如同一种残忍而怪异的惩罚。如果一对情侣在婚前没有发生性关系，许多人会感到奇怪。他们会说："难道不应该看看他们在性方面是否和谐吗？"

　　第六课解释得很清楚，上帝在性方面的教导与我们的文化相抵触。我们的文化认为，未婚发生性关系就像拉拉手一样，是一件很随意、无伤大雅的事。但是，没有什么比这种认识更偏离真理了。

　　阅读下面的章节以了解上帝对性的看法。请记住：性是上帝设计的。

　　不可奸淫。(《出埃及记》二十章 14 节)

　　你要逃避少年的私欲，同那清心祷告主的人追求公义、信德、仁爱、和平。(《提摩太后书》二章 22 节)

　　就如神从创立世界以前，在基督里拣选了我们，使我

们在他面前成为圣洁，无有瑕疵。(《以弗所书》一章4节)

你们既作顺命的儿女，就不要效法从前蒙昧无知的时候，那放纵私欲的样子。那召你们的既是圣洁，你们在一切所行的事上也要圣洁。因为经上记着说："你们要圣洁，因为我是圣洁的。"(《彼得前书》一章14-16节)

正因这缘故，你们要分外的殷勤。有了信心，又要加上德行。有了德行，又要加上知识；有了知识，又要加上节制；有了节制，又要加上忍耐；有了忍耐，又要加上虔敬；有了虔敬，又要加上爱弟兄的心；有了爱弟兄的心，又要加上爱众人的心。(《彼得后书》一章5-7节)

因为你们确实地知道，无论是淫乱的，是污秽的，是有贪心的，在基督和神的国里，都是无分的。有贪心的，就与拜偶像的一样。(《以弗所书》五章5节)

婚姻，人人都当尊重，床也不可污秽。因为苟合行淫的人神必要审判。(《希伯来书》十三章4节)

弟兄们，我还有未尽的话：凡是真实的、可敬的、公义的、清洁的、可爱的、有美名的，若有什么德行，若有什么称赞，这些事你们都要思念。(《腓利比书》四章8节)

你们的顺服，已经传于众人，所以我为你们欢喜。但我愿意你们在善事上聪明，在恶上愚拙。(《罗马书》十六章19节)

与另一个人发生性关系很容易，在现今的文化中尤其如此。

但是，婚姻所需要的远不只身体上的亲密关系。要建立婚姻中的信任、委身和沟通，首先需要属灵生命和感情上的亲密关系。婚姻是盟约，需要一生一世来关爱、培育。

当上帝强烈要求我们保持婚前的贞洁时，他对我们做了最好的安排。保持婚前的贞洁有许多益处。等到结婚后再发生性关系的益处有：

□你们会建立彼此间的信任，这是亲密关系必需的一部分。

□你会培养出敬虔的品质，有忍耐，有自制。

□你爱另一个人胜过爱你自己。

□你保护自己脱离了内疚和耻辱感。

□你为自己的孩子树立了榜样。

□如果你们的关系中断，你会免受情感、精神和生理方面的创伤。

□你会养成健康的沟通习惯和技能。

□你避免了意外怀孕的可能。

□你在神在人面前都保持了无亏的良心。

□你对新婚之夜会有更多的期待和喜悦。

□你会经历顺服带来的祝福。

□你们对彼此会有更多的认识，而不只限于身体方面。

□你在这个堕落的世界上是一个见证。

□你不会让基督之名蒙羞。

在让你感动的五种益处前作记号。分享这些益处，并说出你如此选择的理由。

道德美善

在订婚阶段，保持性纯洁尤其艰难。你已经宣告了自己的委身，自然想让你们的关系不断升华。有时候，你甚至会感觉自己已经结了婚。然而，在这个关键的时刻，正是通过顺服上帝来确立你们的关系，并建造彼此间信任的最好时机。

性纯洁不只意味着不在婚前发生性关系。许多情侣回避了性交，但在身体接触上仍然非常亲密。回顾前面引用的经文，《圣经》将性纯洁定义为道德的美善。道德的美善即成为圣洁。它意味着要避免罪恶的出现，要做到行为的纯洁和思想的纯洁，要保护彼此不被罪恶所玷污。

> 我们向你提出的挑战不只是婚前禁欲，而是你要纯洁。

1.将你和未婚妻（夫）在性关系方面一致同意的界限写下来，不要记录令人感到尴尬的言词：

____

____

____

2.到目前为止，你们实践/经历了哪些亲密的举动？

____

____

____

3.对于你们目前的行为,你们感觉如何?

____

____

____

4.请用一句话为你们在身体接触上的道德美善下一个定义。

在我们的身体接触中,道德美善意味着……

____

____

____

5.根据你的定义,选出你认为上帝希望你们在身体方面持守的具

体界限:

☐在婚礼之前不要接吻。

☐晚上10点后不要单独在一起。

☐无论在什么场合都不会并排躺在一起。

☐不要爱抚或者拥抱对方。

☐不要给对方按摩。

☐不要做任何羞于向主述说的事。

☐不要触摸对方衣服遮盖的任何部位。

☐其他_______________________________________

在你明白上帝对道德纯洁的要求后,祷告并求上帝向你显明:在这方面你是否有某些事情需要向未婚妻(夫)道歉,并请求她(他)的饶恕。如果有,那么请针对这些问题向上帝祷告,然后和未婚妻(夫)解决这些问题。

要记住，《约翰一书》一章9节说："我们若认自己的罪，上帝是信实的，是公义的，必要赦免我们的罪，洗净我们一切的不义。"你们现在就可以整装待发了。

在与未婚妻（夫）讨论后，你们俩可以一起向导师坦白，请他们为你们祷告，帮助你们设立界限，并且监督你们。

纯洁之约

1.翻到《纯洁之约》这一页。一次读一段。

2.读完三段内容及承诺后，在《纯洁之约》上签名，并标注日期。

3.如果导师夫妇/牧师/顾问不在身边，下次见面时将《纯洁之约》带给他们，让他们在上面签名。他们会在签名前问："你们是否愿意遵行自己的约定？"

纯洁之约

《帖撒罗尼迦前书》四章3-8节："神的旨意就是要你们成为圣洁，远避淫行；要你们各人晓得怎样用圣洁、尊贵，守着自己的身体，不放纵私欲的邪情，像那不认识神的外邦人。不要一个人在这事上越分，欺负他的弟兄，因为这一类的事，主必报应，正如我预先对你们说过，又切切嘱咐你们的。神召我们，本不是要我们沾染污秽，乃是要我们成为圣洁。所以，那弃绝的，不是弃绝人，乃是弃绝那赐圣灵给你们的神。"

> 我顺服上帝的命令,保证从今天直到蜜月为止,我要保护你在性关系上的纯洁。

《哥林多前书》六章 18-20 节:"你们要逃避淫行。人所犯的,无论什么罪,都在身子以外;惟有行淫的,是得罪自己的身子。岂不知你们的身子就是圣灵的殿吗?这圣灵是从神而来,住在你们里头的;并且你们不是自己的人。因为你们是重价买来的。所以要在你们的身子荣耀神。"

> 我们向你提出的挑战不只是婚前禁欲,而是你要纯洁。

《使徒行传》二十四章 16 节:"我因此自己勉励,对神、对人,常存无亏的良心。"

> 我承诺要以能使我们俩在上帝、在人面前都存无亏良心的方式,向你表达我的爱。

这是我的承诺。

签名＿＿＿＿＿＿＿＿＿＿　　　　签名＿＿＿＿＿＿＿＿＿＿

日期＿＿＿＿＿＿＿＿＿＿　　　　日期＿＿＿＿＿＿＿＿＿＿

见证人＿＿＿＿＿＿＿＿＿＿

日　期＿＿＿＿＿＿＿＿＿＿

婚前预备辅导手册

踏上红地毯

[美] 丹尼斯·雷尼（Dennis Rainey） 主编　李瑞萍　译

中国社会出版社
国家一级出版社·全国百佳图书出版单位

目 录
Contents

引言

丹尼斯·雷尼致辅导老师的一段话

绝大多数青少年在成为驾驶员之前，都要接受系统的培训。在美国，一个人15岁时如果能够通过所在州的交通法规方面的笔试，就可以获得驾驶许可证——绝大多数州的情况都是如此。接下来的一年，他们会在父母或成年人的监督下驾车。如果他们很聪明，就能完成驾驶课程。经过长时间的练习，他们会慢慢地学到驾车需要掌握的上百个小技巧：在各种情形下加速和刹车；沿路驾驶时注意观察周围事物；如何一边与车内的同伴说话，一边观察路况等。

最后，他们必须通过由州执证监督员监督的路考，来证明自己的驾驶技能。即使他们拿到了驾驶执照，也绝不会想到：他们还需要保持好几年的安全驾驶记录，才能在车辆保险公司投保！

现在我们思考一下，一对情侣要想获得另一种证件需要些什么。要想合法结婚，他们必须检测血液，在按立的牧师或治安法官面前宣誓。如果明智的话，还会接受一些婚前辅导。但是，许多教会的婚前辅导不过是与牧师见见面，过一遍婚礼程序而已。

这样做会产生什么问题呢？

我们的社会要求年轻人通过强化训练后，才能领到驾照。这样做只有一个简单的原因：如果容许没有学过相关重要技能的人驾车上路，将会导致危险和灾难。

不幸的是，我们的社会到现在才认识到这个事实：当容许一对

未婚男女没有学习有关婚姻的重要技能就结婚，也会导致危险和灾难。我可以用好几页的篇幅来分析：近三十年来，美国的离婚率为什么高居世界之首。最根本的原因就是：人们不知道结婚意味着什么。孩子们成长在对个人的关注要胜过责任的文化中，家庭也越来越支离破碎。因此，他们学不到在顺境和逆境、健康和疾病以及贫穷和富足中，与人日常相处所需的技能。他们没有经历过无条件的爱。我们的文化和国家也由此吃尽了苦头。

这就是我们编写《踏上红地毯》以及这本辅导手册的原因。

预备婚姻的最佳指南

我永远不会忘记，有一个离婚后来我这里接受辅导的女人的感受："你知道吗？当我准备进入婚姻时，就好像从戈壁滩起步一样。我拿起双筒望远镜向地平线望去，不远处都是僵尸、腐肉，一片婚姻解体的惨状。我甚至可以看到，许多人在婚后并没有走多远。但生活中没有人扳住我的肩膀，对我说：'在出发前，你需要学习一些生存技能。'所以，我和丈夫便上路了。几年后，我发现自己与那些人一样，落在了婚姻的惨痛结局中。"

从她的倾诉中，我留意到两件事。首先，她认识到婚前辅导会帮助她准备面临婚姻中必经的试炼。今天，许多已经订婚的未婚男女，对即将做出的委身感到恐惧。是的，他们可能表现得什么都知道，可能在筹划一个30分钟的婚礼仪式及两小时的招待会，正忙得不可开交，以至于让你觉得他们大概抽不出时间来接受婚前辅导。但是，他们会有时间接受一个小小的鼓励。越来越多的年轻人来自破碎的家庭，他们渴望拥有一个成功的婚姻。

你会发现，《踏上红地毯》这本书提供了他们需要的一切培训。事实上，书中包括了芭芭拉和我希望我们在婚前能够知道的那些材料。完成《踏上红地毯》这本书，情侣将：

- 发现在不曾设想过的层面上互相认识的喜乐。
- 学习如何做出是否结婚的明智决定，如何评估他们的关系，以及如何明白上帝的旨意等。
- 讨论他们本知道应该讨论但是从来没有讨论的事项。
- 提前预知婚后可能发生的事，而不是因为疏忽大意而困在其中。
- 认识上帝对订婚和婚姻的教导，并将这些原则应用在婚姻中。
- 对于是否结婚的决定，你将充满信心，态度肯定并有安全感。
- 操练并应用建造婚姻所需的一些基本技能。
- 学到一些必需的沟通技能和解决冲突的技能。
- 明白婚姻中核心角色的关键和本质，以及婚姻生活中应有的回应。
- 明白上帝对亲密的性关系的计划。

导师的价值

我从这位妇人的倾诉中了解到的第二件事是：她希望当时有人能够给她帮助。她仿佛是在说，她需要生活中有一个人能明白她的需要，并能够以爱和怜悯和她在一起——不是说教，而是辅导，帮助她克服旅途中的障碍。这个人不一定得是牧师或辅导员；他可以是一位上了年纪的已婚朋友，或者她所在教会的什么人——一个愿意花时间帮助青年男女在婚姻中携手一生的人。

无论你是牧师、辅导员，还是从事婚姻辅导的一般信徒，我相信你将发现：在辅导情侣的过程中，这份材料使用起来非常便利。

它会系统地引导你辅导情侣学完婚前需要学习和讨论的各个重要问题。另外，你还会发现：为情侣进行婚前的预备也会让你有所收获。

不要以为你需要接受专门培训才能帮助情侣完成这份材料。你需要的一切在这里都可以找到。我知道在加利福尼亚南部地区有一间大教堂，每年有大约五六十对情侣在那里结婚。大部分婚前辅导都由神职人员提供。这间教会没有意识到会众的潜力。许多普通信徒只需一点培训和鼓励，就可以与那些未婚男女见面。坦率地说，与牧师相比，这些普通信徒夫妇甚至可以为即将结婚的年轻人提供更多的教导，因为他们有更多的时间与这些情侣共处。许多牧师没有时间与众多情侣经常会面，但是，普通信徒夫妇通常可以在几个月里与他们多次见面——无论是正式课程的学习，还是非正式的聚会。

做好带领的准备

带领一对情侣完成《踏上红地毯》的学习，你需要认真阅读前面的《学习手册》和这本《辅导手册》。对于书中的主要课程及特别活动，你可以采用几种方式来带领他们学习。

- 带领情侣学习主要课程，"情侣活动"部分由他们独自完成。
- 带一个小组完成主要课程的学习，让他们独自完成"情侣活动"。
- 让一对情侣独自完成主要课程的学习，然后与你一起讨论。

无论采用哪种方式，我们相信，你将发现婚前辅导是一次美妙的探险。你不需要几年的培训，也不需要特别的学历。你需要的只是教导、培训、示范、鼓励并爱他们。有基督的帮助，你一定能做到！

目标

我们编写《踏上红地毯》，第一个目标就是要提供一套优质、富有趣味且完整的婚前辅导课程，让情侣在婚前能够知道一些重要的信息，并接受他们需要的培训。这份学习材料部分取自家庭生活·婚姻会议，但是，我们也采访了一些即将步入婚姻的情侣、牧师和婚前辅导人士，查看了许多婚前辅导教材。

我们发现，许多情侣在进入婚姻时，还不太了解上帝对家庭的计划。本手册的第一课和第二课以上帝对婚姻的旨意和计划为中心，原因就在于此。另外，本课程还包括互动式的提问，旨在帮助情侣培养沟通技能。每课结束后的"情侣活动"给大家提供了讨论

相关主题并决定如何应用所学知识的机会。本课程包括五项"特别活动"，旨在帮助你们深入认识诸如理解过去、发掘期望等主题。

《学习手册》包括六个常规课程，五项特别活动，说明了婚前预备的重要性。虽然大多数情侣所接受的婚前辅导只是与辅导员面谈一两次而已，但是，越来越多的教会已经意识到需要为他们提供更广泛的培训。《婚姻伴侣》(Marriage Partner)杂志调查了3000对拥有25种不同宗派背景且接受过婚前辅导的夫妇，结果表明婚前辅导的重要性。调查的一个问题是："婚前辅导对你的婚姻有帮助吗?"下面是回答"绝对有帮助"的那些人的情况：

接受辅导一次	15%
接受辅导两次	31%
接受辅导五次	53%
接受辅导七次或七次以上	75%

我们的第二个目标，是给情侣提供与导师或辅导夫妇学习的机会。成功的婚姻之旅，始于一句誓言，但许多人在不知不觉间重复着父母们的许多错误，结果与他们的期望大相径庭。

即将进入婚姻的情侣，面临着一场艰难的战役。在彼此适应的过程中，文化、经济和职业的压力会加剧他们的挣扎。在大多数情况下，不到最后时刻，他们不会讨论这些困难，甚至认识不到这些困难。

我们相信，如果教会想帮助夫妻们建立稳固的婚姻和家庭，就需要让这些夫妇与有过同样经历的敬虔导师建立联系。要带领一对情侣完成学习，你不一定非得是一个牧师或受过培训的辅导员。如果你与上帝同行，如果你的婚姻建立在牢固的根基之上，那么你就可以做带领。

作为婚前辅导的导师，你可以弥补不少人多年来一直缺乏的必要训练。请允许他们进入你的生活和婚姻，允许他们提问，这样，你就可以让他们看到两个不完美的人是如何经营婚姻的。他们可以亲眼看到敬虔、令人满意的婚姻关系到底是什么样。

本课的安排，旨在让你成为一个协助者，而不是一个老师。你不需要神学院的学位，也不需要有辅导经验。你所需要的就是愿意帮助、引导情侣完成这份材料，愿意做他们的朋友，帮助他们。对他们来说，你的参与可能比他们在这个课程中学到的更重要、更有价值。

我们最后的目标是向情侣们发出挑战，使他们严肃、诚实地评估上帝是否真的带领他们进入婚姻。坦率地说，大多数情侣在恋爱和订婚期间很难保持清醒的头脑。许多人陷在情感的漩涡中，没有时间诚实地评估他们的关系，判断上帝是否呼召他们到一起。事实上，许多情侣对如何判断上帝的旨意没有明确的认识。

正如你将看到的，本课程需要完成许多家庭作业，这些家庭作业既涉及个人学习，也涉及情侣互动。这份材料提出的重要问题，也能帮助情侣处理一些难题。我们发现，情侣比较喜欢共同讨论他们不曾讨论过的问题。

我们的课程还包括一个"决策指南"。它提供了明确的方向，会一步一步地帮助情侣评估他们的关系，寻求上帝的心意。

在学完这个课程时，许多情侣会发现：上帝会使用这份材料启示他的心意，同时验证了他们的决定。但是，也有些人会发现：他们应该延迟或者取消婚礼。做出这种决定比较困难，但是，它会保护这些人免受婚姻崩溃时的苦楚。

形式

《踏上红地毯》主要包括两个部分：

一、主要课程

一共有六个主要课程。在每课中,情侣将学到如何经营婚姻,然后彼此互动,将这部分材料应用在他们的关系中。这些课程主要包括在第二部分和第三部分中。

在每一课中,你都会发现如下内容:

1. **正确方向**:《圣经》中关于你们所论主题的真理陈述。

2. **了解情况**:主题介绍,给情侣提供回答问题、完成练习的机会,这些问题和练习可以让他们掌握主题,并明白主题的重要性。

3. **认识真理**:《圣经》对每一章的有关论述。在这里,他们会查看并讨论《圣经》所阐述的道理,学习关于婚姻各方面的准则。

4. **准确航行**:根据真理绘制婚姻的路线。总结并列出了每一课的重要原则。

5. **情侣活动**:是每一课的情侣互动部分,由以下几部分组成:

  - **了解实际**:引导你们讨论的问题。

  - **进入婚姻核心**:一起祷告,经历属灵管教的时光,这将是今后几年婚姻成长的关键之一。

  - **进行深入了解**:自选作业,为积极性极高的情侣设计,他们愿意学习未订婚的情侣没有涉猎的内容。

- 给再婚人士。

另外，还有几课内容旨在帮助情侣在学习过程中不断深化他们的经历。

二、特别活动

上述五项活动会引导情侣讨论重要的问题，并帮助他们相互间有更多的认识。这些特殊活动包括：

- "个人历史记录单"：围绕3个方面的问题，有助于他们认识过去，并一起分享。
- "美好的期盼"：会帮助情侣了解他们对婚姻的期盼。
- "评估你们的关系"：会提供一个构架，就他们的关系提出颇具挑战性的问题。
- "决策指南"：旨在帮助他们分辨上帝对他们的心意。
- "纯洁之约"：提供了一个机会，让他们决定在婚前保持纯洁的性关系。

另外两点说明：首先，为了从本次学习中得到最大限度的受益，我们极力建议每人拥有一本《学习手册》。其次，我们选用了"未婚妻（夫）"一词代表男人和女人，就像在"与未婚妻（夫）一起讨论"中一样。我们知道这个词可能感觉有一点怪，但是我们相信，在完成本手册的过程中，你们能够忽略这个词带来的缺陷。

学习本课程需要的时间

　　虽然六周即可完成这个课程，但是我们建议每两周学一课。这样，学习时间便会持续12周。

　　这种时间安排需要教会和即将进入婚姻的情侣具有坚定的决心。教会需要给情侣提前提供辅导，我们建议至少在婚礼前一个月完成本课程的学习。同时，情侣订婚时，需要安排出至少12周的时间来接受培训，课程结束后至少还剩一个月的时间。我们知道，他们可能不乐意参加这么长时间的学习，但是，如果你们宣传得好，他们应该可以接受。

三种学习方法

　　虽然情侣可以独自学完这本手册，但如果有牧师、辅导员或导师的指导，他们会受益更多。

　　无论以怎样的方式使用这本手册，我们都建议你先与情侣见面，以面谈开始。在准备这个课程时，有三种选择供你考虑。

选项 A　与一对情侣一起学习

　　引导一对情侣完成每一课的主要内容——"了解事实"与"认识真理"部分。然后，让他们独自完成"情侣活动"。

顺序建议

第一次见面：面谈

　　　布置作业：特别活动1

第二次见面：和情侣一起完成第一课

　　　　　　讨论特别活动1：个人历史记录单

第三次见面：和情侣一起完成第二课

　　　　　　布置作业：特别活动2

第四次见面：和情侣一起完成第三课

　　　　　　讨论特别活动2：美好的期待

　　　　　　布置作业：特别活动3

第五次见面：和情侣一起完成第四课

　　　　　　讨论特别活动3：评估你们的关系

　　　　　　布置作业：特别活动4

第六次见面：和情侣一起完成第五课

　　　　　　讨论特别活动4：决策指南

第七次见面：和情侣一起完成第六课

　　　　　　讨论最后的所有问题

选项 B　与一对情侣一起学习

　　让情侣分别完成主要内容（"了解事实"和"认识真理"部分），然后一起完成"情侣活动"。最后，情侣与你见面一起讨论他们学到的功课。在《辅导手册》的第二部分，你会找到指导讨论的建议。

　　选项B建议的顺序与选项A非常相似：

第一次见面：面谈

　　　　　　布置作业：第一课和特别活动1

第二次见面：讨论第一课

　　　　　　讨论特别活动1：个人历史记录单

　　　　　　安排作业：第二课

第三次见面：讨论第二课

　　　　　　布置作业：第三课和特别活动2

第四次见面：讨论第三课

　　　　　　讨论特别活动2：美好的期待

　　　　　　布置作业：第四课和特别活动3

第五次见面：讨论第四课

　　　　　　讨论特别活动3：评估你们的关系

　　　　　　布置作业：第五课和特别活动4

第六次见面：讨论第五课

　　　　　　讨论特别活动4：决策指南

　　　　　　安排作业：第六课和最后一项活动

第七次见面：讨论第六课

　　　　　　讨论最后的所有问题

12

选项 C 小组学习

　　带领小组中数对情侣学习每课"了解事实"和"认识真理"部分，让他们单独完成"情侣活动"。然后，在小组聚会期间，你需要与每对情侣至少单独见四次面，就如何将所学的知识应用在个人关系中，针对具体情况提一些问题。在这本《辅导手册》的第二部分，你会找到有关面谈的建议。

顺序建议

导师与情侣单独见面
小组学习
第一步
面谈
(布置作业:特别活动1)
第二步　第一课
第三步　第二课
第四步　复习
第一课和第二课,并讨论特别活动1
(布置作业:特别活动2)
第五步　第三课
第六步　第四课
第七步　复习
第三课和第四课,并讨论特别活动2
(布置作业:特别活动3和4)
第八步　第五课
第九步　第六课
第十步　复习
第五课和第六课,并讨论特别活动3和4

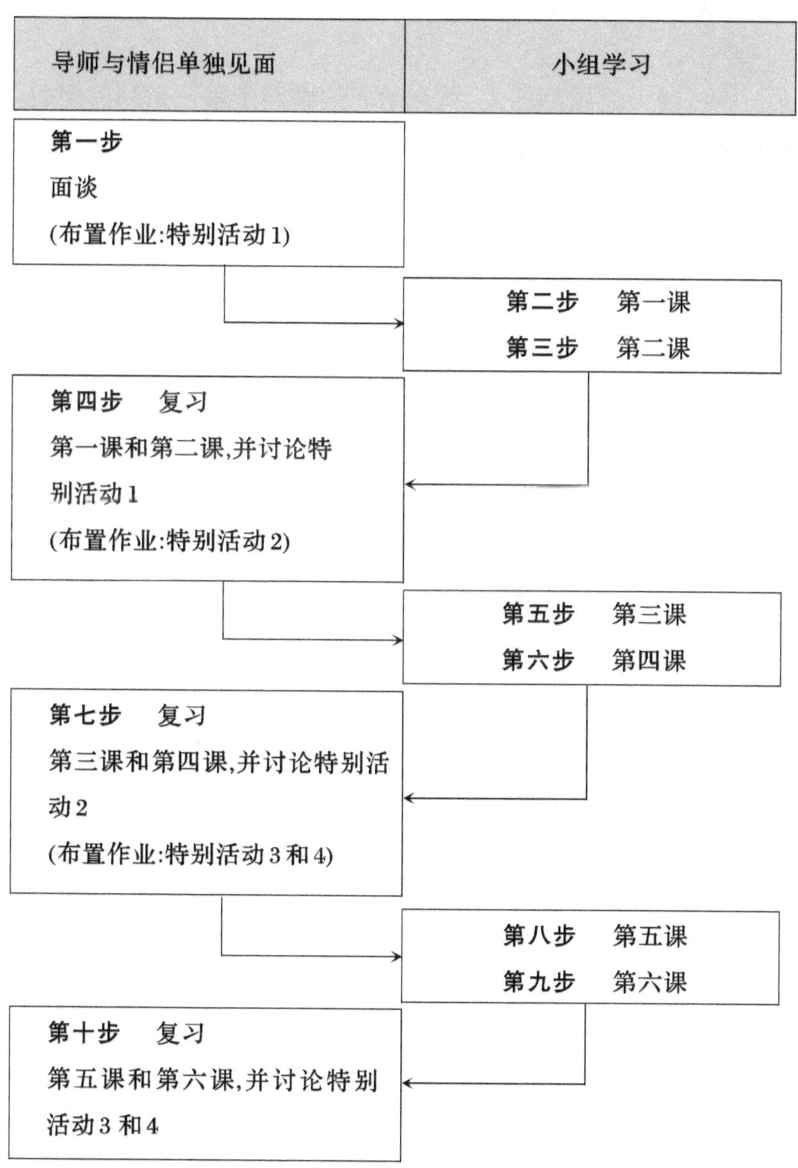

对再婚人士的一些说明

曾经经历过婚姻的人，就会给新的婚姻带来一系列的问题。如果上次婚姻是以离婚告终，更会如此。本书中大多数材料，既适用于初婚的人，也适用于再婚人士。但是，真正的挑战在于让他们讨论一些较难以展开的话题，比如分析自己在上次婚姻中所犯的错误，以及认真讨论新家庭的现实问题等。

在每课结束后，"情侣活动"部分都有许多此类问题供再婚人士回答。你可以浏览每课的内容，找出适用于辅导对象的方式。

再婚人士需要面对两个重要的问题。首先，他们需要承认：过去婚姻的失败也有他们的责任。许多人想把责任推给前配偶，他们不愿意看到上次婚姻的失败也有自己的原因。

其次，他们需要认识到自己在上次婚姻中所犯的错误，这样才能邀请上帝来改变他们，建造一个更好的婚姻。否则，他们就会重蹈覆辙。

要特别注意：有些问题是针对离婚人士提出来的。如果它们不适用于辅导对象，比如他们中有一人或两人都是丧偶人士，那就只需要探讨那些适合他们的问题。

带领小组的技巧

1.每节课大约需要90分钟来完成。你可以花75分钟进行小组讨论，15分钟一边享用甜点，一边互相交流。如果你想让情侣在小组时间结束后立即完成"情侣活动"部分，在时间表上添加30分钟即可。

　　参加小组的几对情侣一旦彼此熟悉，开始互动，你会发现：自已很难在计划时间内完成一课的内容。你需要提前决定，哪些是最需要讨论的重要问题。

2.如果你在大约60分钟的主日学中使用这份材料，可以调整时间，两周学一课。

3.请记住，在这次学习中，你不是老师，而是协调员。你会经常与大家一同分享个人的知识和经验，目的是鼓励情侣在查考《圣经》经文、讨论不同概念时，自学这份材料。但是，为了跟上讨论的进度，确保情侣理解材料中的原则和概念，你需要认真学习全部材料。

4.学习进度不要太慢，这样会让气氛变得沉闷、无聊，或者拖长时间。要注意小组的需要，留意他们注意力持续的时间。当人们注意力分散时，可能已经不再聆听。最好在他们期待多学一段的时候结束，而不是提前结束。要保持课堂气氛的活跃，保持学习的进度。

5.不要害怕提问时出现冷场。沉默良久后往往会出现最好的答案。要记住，作为小组带领人，提出一个颇具启迪性的问题后，在等待小组成员回答的过程中，可能会感觉到15秒钟就像五分钟一样漫长。

6.如果你发现了一两个比较深刻的问题，希望人人都思考时，要让小组停下来，让所有人都思考这些问题，并将答案写出来，一同分享。沉默、自我评估的时刻，可能在教学中作用最大，但是，要有策略，不能在教学中经常出现。

7.时间的运用要小心。不要在时间方面施加过多的压力，否则大家会感到很仓促。当你需要讨论下一个问题时，可以

这样说："也许我们可以用剩下的时间继续讨论这个问题，现在需要思考一下另外几个重要的问题。"

在需要缩减时间或取消讨论最后一个问题时，可以简单地说："本来还有几个问题需要讨论，但是我觉得我们的学习收获颇丰，所以，让我们多花一些时间在前面的要点上吧。"

你是小组的带领人，最了解每对情侣的需要。但是请记住，你永远不知道圣灵对每对情侣的安排。"人心筹算自己的道路，惟耶和华指引他的脚步。"（《箴言》十六章 9 节）请做好每一课的准备，并为此祷告，然后将结果交托给上帝。

8. 你会发现，在学习过程中有许多开放式的讨论。激励大家讨论的一个方法，是自己准备一些问题的答案。如果提出一个问题没有人回答，你可以先提出自己的看法，然后让大家讨论。

第二章

婚前辅导

你是否还记得自己求爱和订婚的过程?对许多人来说,这段经历并不只是激动、快乐、浪漫和期待,而且还伴有压力以及敏感的神经。

对于当年所做的事情,现在你也许有了不同的眼光。你是否曾陷在筹备婚礼的各项事务中?你是否为即将开始的婚姻做好了准备?你们真的很了解对方吗?现在回过头来想一想,你当初是否应该做出不同的选择?

有许多情侣已经订婚,为婚姻做好了准备。但是,在你引导他们完成《踏上红地毯》的学习过程中,最好是假设他们还没有认识到那些事项,需要你的引导,为这一生最重要的人际关系做好准备。

婚前辅导需要记住的事项

1. 许多情侣在订婚后都戴着眼罩。订了婚的人通常会意识到对方身上一些不好的性情，却一心想着："结婚后就不会这样了。"

2. 许多情侣在订婚后都对婚姻抱有理想的态度，认为他们的婚姻将非常完美，却没有注意到二人成为一体后可能存在的问题、争吵和分歧等。

3. 由于筹备婚礼、安排蜜月的忙乱，订过婚的情侣都会经历一生中压力最大的一段时间。

4. 许多情侣在婚礼前那段时间都比平时睡得晚，因此，休息时间比较少。这自然会给他们之间的关系以及他们与其他人的关系带来压力。

5. 许多情侣为了维持两人之间的关系在有意或无意间会牺牲一些《圣经》倡导的价值观。例如，许多已经订婚的男女，在开始接受婚前辅导时已经发生了性关系。

6. 那些还没有发生性关系的情侣，正在努力控制自己的欲望。他们努力抑制身体的冲动，疲惫不已，这使他们难以设立界限，更不知道该何时中止。

7. 绝大多数情侣在踏上红地毯之前，由于婚礼的各项开支，在一段时间内通常会感到经济方面的压力。一切费用都比预期的高，至少有一方会这种想法。

8. 订了婚的情侣，虽然在求偶和订婚期间已经讨论过许多问题，但一般很少讨论平时的消费习惯和开支问题。结果，婚后就会不适应对方的消费习惯。

9.绝大多数情侣，都需要努力控制情绪的巨大波动。对有些女性来说，吃避孕药引起的反应会放大她们的情绪。

10.许多人无法控制激动的情绪，以至于不能理性地看待未来的配偶。他们忽略了那些可能破坏婚姻的问题，反而相信"爱会战胜一切"。

11.他们并没有敏锐地认识到自己对婚姻关系理想化的期待。结果，进入婚姻后会感到失望。

12.许多情侣只讨论了一小部分过去对他们的影响。许多人不知道，他们进入婚姻时，在人际关系方面背负着沉重的包袱。

13.那些开始怀疑这个婚姻是否正确的人，将带着极大的压力继续筹备婚礼。这些压力部分来自于为婚礼筹划并进行了消费的家人，也有许多来自于自己，因为他们不想给家人和朋友带来麻烦，或者不想公开承认失败并为此陷入尴尬。年龄在三十四五岁或者将近四十岁的女性，可能觉得这是他们找到配偶、开始家庭生活的"最后一次机会"。

14.许多情侣对婚前辅导并不感兴趣。要在忙碌的日程表中把这个课程挤进去，他们认为真是一件麻烦事。而且，他们认为自己已经知道了一切！

婚前辅导的目标

目标一：用更加现实而非理想的态度面对婚姻。

诺曼·莱特（H.Norman Wright）在他的著作《幸福婚姻圣经》中

谈到这一问题：

> 有太多的情侣在进入婚姻时，被不现实的期待所蒙蔽。他们相信，高水准的、罗曼蒂克式的爱情，应该是婚姻关系的主要特征。正如一个年轻人所说："我希望婚姻能够满足自己所有的愿望。我需要有安全感，需要有人照料我，激发我的智慧，需要马上有经济保障……但是，事情并不是这样！"人们在婚姻中寻找某种"富有魔力"的事件发生。但是，魔法并不能使婚姻正常运转，而努力经营却可以做到这点。

虽然你并不想破坏他们的理想，但是，确实需要帮助他们诚实地评估他们的关系。他们需要看到，终生委身的结果是：他们会一起快乐、开心、激动，也会一起经历许多试炼、难题和令人头疼的事。

目标二：帮助情侣就上帝是否真的呼召他们成为一体做出诚实的判断。

在学习过程中，情侣会有更多的相互了解，超过他们的想像。然而，即使如此，这也不过是浅尝辄止！你的工作是引导他们经历这个过程，并鼓励他们敞开心灵接受带领。要鼓励他们多花一些时间考虑订婚或结婚，不要感到有压力。

这次学习令你感到意外的一个重要因素是：这本书打算让难题、疑惑或疑虑浮出水面。我们想问一些令情侣感到不安的问题，迫使他们去诚实面对他们的婚姻是否出于上帝的旨意这个问题。许多情侣没有回答这次学习过程中所提出的难题，他们也为此付出了代价。

目标三：让他们一瞥你个人的婚姻关系。

如果辅导对象中有人来自破裂的家庭，那么让他们了解一下你自己的婚姻就非常重要。这个人可能从来没有见过婚姻的样子。你们的婚姻关系可能会成为他观察到的，按照《圣经》原则建造婚姻的第一个榜样。在辅导订过婚的男女时，除了安排好的见面时间之外，你还要花一些时间和他们共处。邀请他们来家里吃饭，或者和配偶一起出去跟他们见面。让他们看到你和配偶、孩子们的关系是怎样的。

允许他们提出棘手问题，并和他们分享你们的成功和失败。把你们解决冲突、一起做决定、应对各种试炼的方式告诉他们。

目标四：让他们向你负责

互相监督是《圣经》中的一项原则，告诉我们"又当存敬畏基督的心，彼此顺服"。(《以弗所书》五章21节)这意味着我选择委身于另外一个人，获得属灵的力量、成长和平衡。

互相监督意味着向另一个人寻求建议；意味着允许另一个人不受限制地对你进行观察并作出评估；意味着我们愿意受教，允许别人接近。

互相监督是这次学习的一个主要内容，你必须从一开始就明确这一点。你可以采用两种方式：首先，让他们知道你对他们的期待；其次，每次见面时，检查他们是否完成了作业。

一开始就让他们知道，你们可以相互自由地提问。在辅导过程中，无疑会遇到各种各样的问题。重要的是你要使他们尽可能讨论并解决这些问题。例如，如果你发现一方想要许多孩子，另一方对此很犹豫，甚至不愿意要孩子，那么，就需要提醒他们在婚前

解决这个问题。事后你还要询问他们是否讨论了这个问题，做出了什么决定。

要强调完成每一份课后作业的重要性。如果你发现一对情侣总是不能完成课后作业，要注意，这是一个危险的信号！要另外安排一节课和他们讨论可能存在的问题。而且，你需要提前决定最多允许他们误多少次课，以及能怎样补课等。

互相监督也会帮助情侣在婚前保持纯洁的性关系。不要害怕询问他们是否能够控制身体的接触！

下列工具和资源可供参考

个性/性情测试

泰氏性格分析（Taylor–JohnsonTemperament Analysis）

Robert M.Taylor and Lucile Philips Morrison

Psychological Publicaitons , Inc.

5300 Hollywood , Blvd.

Los Angeles , CA 90027

PREPARE 试验

PREPARE Inc.

P.O.Box 190

Minneapolis , MN 55440

迈布二氏类型分析法（Myers–Briggs Type Indicator）

Consulting Psychologists Press

3803 East Bayshore Road

Palo Alto，CA94303

800-624-1765

有关婚前及婚后辅导的推荐读物

建议教会图书馆补充下列书籍和《圣经》研究材料，供导师和情侣使用。带有*标志的资料建议在"情侣活动"进行深入了解部分中使用。准备好这五本书供情侣借阅，会鼓励他们参与"进行深入了解"部分的活动。

Neil T. Anderson and Charles Mylander，*The Christ- Centered Marriage*，Regal Books，1996.

Ron Blue，*Master Your Money*，Thomas Nelson Inc.1993

Larry Burkett，*The Financial Planning Workbook*，Moody Press，1990

*Larry Burkett with Michael E. Taylor，*Money Before Marriage*，moody Press，1991

Gary Chapman，*The Five Love Languages*，Northfield Publishing，1995

*Robert Lewish and William Hendricks，*Rocking the Role*，NavPress，1991.

*Dennis Rainey with David Boehi，*The Tribute and the Promise*，Thomas Nelson Inc.，1994.

*Dennis Rainey，*Staying Close*，Word Publishing，1989.

Dennis and Barbara Rainey，*Building Your Mate's Self-Esteem*，Thomas Nelson Inc.，1993

Wes Roberts and H.Norman Wright，*Before Your Say I Do*，Harvest House Publishers，1997.

*Ed and Gaye Wheat，*Intended for Pleasure*，Fleming H. Revell Co.，1981

H.Norman Wright，*Communication：Key to Your Marriage*，Regal Books，1974

H.Norman Wright，*So You're Getting Married*，regal Books，1985

H.Norman Wright，*Starting Out Together：A Devotional for Dating and Engaged Couples*，Regal Books，1996

婚前婚后研读教材

建造家庭·婚姻系列丛书

供小组研经使用，由 Gospel Light Publications 出版：

Building Teamwork in Your Marriage by Robert Lewis

Building Your Marriage by Dennis Rainy

Building Your Mate's Self-Esteem by Dennis and Barbara Rainey

Expressing Love in Your Marriage by jerry and Sheryl Wunder and Dennis and Jill Eenigenburg

Growing Together in Christ by David Sunde

Life Choices for a Lasting Marriage by David Boehi

Managing Pressure in Your Marriage by Dennis Rainey and Robert Lewish

Mastering Money in Your Marriage by Ron Blue

Resolving Conflict in Your Marriage by Bob and Jan Horner

家庭构筑者夫妻系列丛书研读《圣经》选修本

供主日学或学习小组使用，由 Gospel Light Publication 出版：

Building Teamwork in Your Marriage by Robert Lewis

Building Your Marriage by Dennis Rainy

Building Your Mate's Self-Esteem by Dennis and Barbara Rainey （配影像资料，可选）

Growing Together in Christ by David Sunde

其他研读资料，可从 Gospel Light Publications 订购：

Neil T. Anderson and Charles Mylander，*The Christ- Centered Marriage Study Guide*，Regal Books，1996

H.Norman Wright，*Communication：Key to Your Marriage and More Communication Keys for Your marriage Group Study Guide*，Regal Books，1974

H.Norman Wright，*The Marriage Renewal Video Series*，Regal Books，1974

会议

为了让情侣做好充分准备，明白上帝对婚姻的计划，我们建议所有情侣尽量在距离婚期最近的日子，参加就近举行的家庭生活·婚姻会议。

第三章

导师带领

近来，家庭生活机构（FamilyLife）聘请了一位专业人士帮助我们进行小组访谈，了解坚固家庭的更好方式。结果令人吃惊！我们询问情侣，他们需要什么才能使婚姻和家庭取得成功。回答几乎一模一样：他们需要一个导师——一个有过同样经历，而且能够引导他们的人。

在现实生活中，他们需要一个询问的对象，可以向他（她）询问诸如"怎样解决冲突"、"孩子夜间睡觉"、"如何在成家后保持浪漫和性关系"、"如何平衡工作和家庭的需要"之类的问题。

即将结婚的情侣也一样。许多人对于如何经营婚姻一无所知，因为他们从来没有看到一个好的示范。许多人来自破碎的家庭或者问题家庭，他们害怕自己也会重复同样的婚姻模式。

在围绕家庭问题的危机中，许多信徒夫妇结婚已有五年或五年以上，教会却没有使用这一宝贵的资源。这些夫妇，特别是那些结婚已有15年以上的夫妇，需要接受挑战：把自己的生命倾注在

比较年轻的夫妇或即将进入婚姻的情侣身上。但是，许多夫妇没有信心，或者觉得自己没有什么可以给予的。他们需要接受热情的挑战，并接受一些培训，以便准备辅导年轻的情侣。

他们的参与能减轻牧师的负担，让婚前辅导事工成为教会最具有活力的事工之一。许多使用这套手册的教会，都感到婚前辅导的确卓有成效。

是的，有时候，从事婚前辅导的夫妇们没有做好应对的准备。但我们发现，绝大多数接受辅导的情侣，在学习建立以《圣经》为中心的婚姻的过程中，从导师夫妇那里得到了巨大的帮助。

发现导师夫妇

在想到健康的基督徒婚姻时，你想到了谁？是否有人愿意帮助其他家庭？谁能与年轻的情侣建立关系，并记起自己婚前婚后的情形？谁有带领小组的经验？

下面是需要留意的一些具体细节：

- 有劝勉、鼓励、分辨、教导或牧养等属灵恩赐的人；
- 愿意帮助其他人从自己的经验中学习的人；
- 结婚已有五年或五年以上，特别是教会里那些孩子已经长大，愿意且有能力服侍年轻的未婚弟兄姊妹的夫妇；
- 可以看出他们的婚姻关系在不断成长的夫妇；
- 愿意与人分享自己在婚姻中的成功与挣扎的夫妇；
- 有良好的人际关系技巧，愿意主动花时间与年轻情侣在学习之余见面，与他们建立友谊的人；
- 愿意在爱中面对并讨论婚姻关系中的棘手问题的人；
- 曾经参加小组学习或带领小组，能够分辨按照材料教学与带领小组讨论之间差异的人。

招募到导师夫妇后，你需要在课程开始之前与他们见面，讨论下面的问题：

- 他们这个角色的重要性；
- 他们需要进一步培训的地方；
- "讲课模式"与"推动模式"的差异；（参加婚前辅导的情侣要求学习内容有互动性。他们需要有时间和带领人、其他情侣以及面临同样问题的多对情侣进行探讨。所以，导师夫妇在小组讨论中所扮演的并不是老师的角色，而是带领讨论的角色。）
- 主题——使用每课和每项活动的大纲即可；
- 处理个性测试的方法；
- 谁主导初次面谈；
- 有关婚前辅导的培训或信息何时提供，以何种方式提供；
- 他们在处理像离婚、性关系、这桩婚姻是否正确等敏感问题时需要做好的准备。如果有必要，和他们讨论可能会出现的问题；
- 你愿意推荐的一些书或文章等。

不要让导师夫妇感到不知所措，准备好对他们来说最重要的问题。

作为一名领袖，通过以下几点可以关注这些导师的进展情况，

- 为他们提供很好的服侍：
- 如果可能，旁听一节课；
- 给他们提供积极的、富有建设性的反馈意见；

- 定期与他们交谈；

- 不断肯定他们自己的婚姻。

第四章

初次面谈

总述

1.初次面谈包括两部分内容："个人问题"和"课程概述"。在开课前，你应该完成对情侣的面谈部分。请不要将面谈事项的复印件发给情侣，你可以用它口头提问，并在他们回答时记录。每次面谈时，你都可以复印面谈记录。

2.如前所述，这次面谈有四个目标：

- 为你提供与一对情侣建立关系的机会；

- 对情侣有更多的了解，熟悉他们的交往经过；

- 让情侣了解课程及其要求；

- 判断他们是否做好了开始学习的准备。

当然，第四个目标比较难量化。在面谈过程中，你也许会怀疑这对情侣的决定是否明智。对这种情况不要立即干预，而是要开始辅导和劝勉。要继续提问，引导他们继续谈话，

与你建立相互信任的关系。然后，在"个人问题"的主题改变之际，插入一些个人化的问题或评论。

3.为了让情侣有充分的时间回答问题，与你建立关系，建议至少安排两个小时来面谈。你们第一次见面时，可以安排一起共进午餐或晚餐。但是，在公共场所不要提有关"道德指南"部分的问题。

4.在介绍完课程的形式后，一定要鼓励这对情侣在课程开始前完成前两项特别活动——"评估你们的关系"及"个人历史记录单"部分。

5.面谈一开始，先简短地自我介绍，然后介绍你的婚姻和家庭情况。要求他们花时间评估他们之间可能的婚姻关系，然后开始"个人问题"部分。

个人问题

1."你的浪漫史"部分的问题让你有机会评估这对情侣关系的深度与活力。在他们描述如何相遇、相知的过程中，你的任务就是聆听，并引导他们吐露实情。记录下你观察到的他们关系中存在的强项和弱项。要留意他们可能存在的问题，在将来一定要有针对性地解决这些问题。

2.评估他们的信仰和灵命情况。一定要鼓励他们讲话，好使你看到他们中间是否有一个人在这方面更加成熟。

如果完成"问题3"后，你担心他们中有一个人或两个人都不是基督徒，这将是你为他们解释救赎计划的好机会。如果他们看上去很年轻，或者在信仰方面不成熟，在完成"问题5"之后，可以和他们交谈。此外，请他们至少在六个月之后再着手结婚的计划。对他们说明这样做的好处：在更多地学习如何与上帝建立关系后，他们的结合才可能更加牢固。

3."道德指南"部分比较敏感，因为许多情侣在婚前已经同居——即使没有同居，他们的行为约束也已经非常松懈。这将是你在这个领域向他们发起的第一次挑战，另外还有两次类似的挑战：在第二课会简短地回顾这一主题，第六课会更加详尽地触及这一主题。

重要提示：一定要避免在公共场所提这些问题，情侣可能不愿意在公共场所探讨这些问题。

绝大多数情况下，我们鼓励你借此机会在这个方面向情侣提出有力的挑战。因为我们认为：婚前性行为不仅违背了上帝的诫命，而且使他们不能清晰地判断上帝是否带领他们进入婚姻。

在讨论下面的问题，特别是在询问他们有关身体接触的事情时，要密切注意每个人的反应。当你提问这个问题时可能注意到：有些人可能没有设防，他们的反应会透露出实情；有些人则可能预料到了你会问有关性方面的事，从而没有如实回答。在他们回应时，不要羞于询问具体的细节。

鼓励他们现在就完成个人手册附录"特别活动5：纯洁之约"部分——除非你感到这样做并不明智。在这项活动中，他们会清楚看到：上帝对的心意是要他们在婚前保持纯洁的性关系。同时，他们也会签署一份决定在蜜月之前保持性关系纯洁的承诺书。你可以让这对情侣立刻签署这份承诺书，你也可以告诉他们，在下次见面时你会问他们是否签署。

如果你决定不在这个时候让他们完成纯洁之约，那么，你可以自行判断什么时候谈论这件事更加妥当。你可能想等到第二课结束之后，这个主题再次出现时和他们谈。但是，我们建议你不要这

样做，因为这是一个需要尽快面对的问题。

课程概述

1. 在本课中，你要给他们讲解一下课程的概况。开课时可以为他们读一下课程的目标和意义部分，并说明婚姻辅导的含义。如果他们当中有一个人或者两个人结过婚，告诉他们《学习手册》中的绝大多数原则都适用于他们的情形。但是，在"情侣活动"部分，还有一些额外的问题需要他们回答，这些问题会帮助他们坦率地讨论某些重要的婚姻领域。

2. 在谈到课程形式时，开始向他们出示《学习手册》。如果这对情侣将和你一起学习，可以把手册发给他们。让他们翻开《学习手册》的目录，并对各部分（六课内容及特别活动）稍作解释。然后，按照自己使用的方式，告诉他们将如何安排学习。如果有可能，可以安排下次见面的时间。

3. 说明学习过程需要付出许多努力，并担负许多责任。但是，他们一定会获益良多，也会享受这次难得的学习经历。

   询问这对情侣能否来学习。如果他们因为日程安排紧张而感到犹豫，要了解他们目前面对的事情是什么。详细谈论这些问题，让他们将其他安排暂时放在一边，优先安排这次学习。

4. 如果教会有确定婚期方面的规定，请告诉他们。如果目前还没有这方面的规定，我们建议你向他们说明：婚姻大事如此严肃，所以你在必要时会建议他们延迟婚期。告诉他们可以自由确定婚期，但是要留出足够的时间，如果在学习过程中他们之间出现了问题，决定过些日子再结婚，那时就可以轻松地做出安排。

在许多情侣的头脑中，发出结婚请柬的那一刻，通常意味着"无法回头"。如果一对情侣安排的婚期在学完本次课程至少两个月以后，那么，他们就会有充裕的时间在发出请柬之前延迟婚期。

其他提示

1. 如果配偶与你一起辅导，你们要一起参加初次面谈。
2. 许多情侣对初次面谈会感到局促不安。要想一些办法让他们放松，以便做出诚实的回答。
3. 要根据这对情侣的订婚情况调整自己的判断。
4. 要对自己的角色做出解释，让这对情侣知道：你会为他们将来的婚姻美满着想。你希望他们能够经历美满的婚姻，所以要不断评估他们的回应，并跟他们分享一些棘手的信息。

初次面谈

面谈人＿＿＿＿＿＿＿＿＿＿＿＿＿＿＿＿＿＿＿＿＿＿＿＿＿＿＿

日期＿＿＿＿＿＿＿＿＿＿

个人信息

名字＿＿＿＿＿＿＿＿　　　　　　年龄＿＿＿＿＿＿＿

通讯地址＿＿＿＿＿＿＿＿＿＿＿＿＿＿＿＿＿＿＿＿＿＿＿

邮政编码＿＿＿＿＿＿＿＿＿＿

电话号码（家）＿＿＿＿＿＿＿　（办公室）＿＿＿＿＿＿

职业＿＿＿＿＿＿＿＿＿＿

名字＿＿＿＿＿＿＿＿　　　　　　年龄＿＿＿＿＿＿＿

通讯地址＿＿＿＿＿＿＿＿＿＿＿＿＿＿＿＿＿＿＿＿＿＿＿

邮政编码＿＿＿＿＿＿＿＿＿＿

电话号码（家）＿＿＿＿＿＿＿　（办公室）＿＿＿＿＿＿

职业＿＿＿＿＿＿＿＿＿＿

他们是否已经订婚？　　　□ 是　　　　□ 否

如果他们已经订婚，婚期预计在哪一天？＿＿＿＿＿＿＿＿＿＿

个人问题

浪漫史

1.你们是怎样认识的?你们开始约会已有多久?

2.你们在约会时做些什么?(例如,大部分时间单独在一起,或是和其他人在一起)

3.简单介绍一下家庭情况。

双亲是否健在?

是否有兄弟姐妹?有几个?

是否有兄弟姐妹已经结婚?

4.你们如何看待父母的婚姻?

5.你们对彼此家庭的熟悉程度如何?

6.家人和朋友对你们的关系有什么看法?

7.你们是否曾经分手?

是什么原因使你们分手?你们为什么又走到了一起?

8.你们为什么决定结婚?

9.你们为什么认为这个婚姻会美满?

____

____

____

10.你们为婚姻做了哪些准备?

____

____

____

11.通过婚前辅导课程,你们期望能学到什么?

____

____

____

12.在你们的关系中需要解决哪些问题?

____

____

____

13.你们是否想提出或分享一些我们没有讨论到的问题?

____

____

____

14.你们以前是否结过婚？

如果是，是离婚，还是丧偶？

如果是离婚……

- 这段婚姻是如何结束的？

- 这段婚姻止于什么时候？

- 前任配偶是否已经再婚？

- 是否可以说出导致上一次婚姻失败的原因？

- 为了解决这些问题，你采取了哪些措施？

- 在上次婚姻中是否有儿女？

____

____

- 对孩子的生活如何安排？

____

____

- 各方面的人是否都认可你们之间的关系？为什么认可或不认可？

____

____

道德指南

备注：一定不要在公共场合讨论下面的问题。

1. 当情侣在情感和属灵关系上越来越近时，身体上的距离也会自然而然地越来越近。我们在身体方面也应当享受丰盛的生命，但是只限于婚姻关系中（参见《希伯来书》十三章4节，《帖撒罗尼迦前书》四章3-8节）。我们针对这一主题专门安排了一节课的内容。

你认为为什么只能在婚姻中享受美好的性关系？

2.因为你们通常会面对性关系的压力,出于关心,在接下来的几周我们会不断询问你们在这方面的进展情况。我们诚挚地希望,你们在婚姻的开始阶段就建造一个牢固的根基。你们认为如何？

3.你们能否告诉我,到目前为止有过什么样的身体接触？

你们的界限在哪里？

4.你们是否愿意在婚前禁欲？

《踏上红地毯》概述

注:不要将这里的信息发给情侣,而要通过口头进行说明。

目标

我们希望每个参加学习的人:
- 了解构筑健康的婚姻所需要的重要原则;
- 知道婚姻是什么样的;
- 学习一些技巧,在开始的时候就奠定良好根基;
- 知道如何评估上帝是否愿意你们结婚,以及现在是否适合结婚等。

意义

我们认为这是一个很重要的学习,它会帮助你奠定婚姻的牢固根基。你必须优先安排每一课的学习。如果你真的爱对方,那么,你花费在这次学习上的时间将表明你多么重视,多么愿意让上帝的心意成就在你的婚姻中。

形式

《踏上红地毯》主要由两部分组成：

主要课程

本手册一共由六课组成。在每一课中，情侣都会学到许多关于经营婚姻的知识，并将所学知识应用在你们的关系中。本手册的第二部分和第三部分包括了这些课程。

在每一课中，你都会看到以下内容：

正确方向：《圣经》中关于你们所论主题的真理陈述。

了解情况：主题介绍，为情侣提供了回答问题、完成练习的机会。这些问题和练习可以帮助他们掌握主题，并明白其重要性。

认识真理：《圣经》对每一章的有关论述。在这里，他们会查看并讨论《圣经》所阐述的真理，学习上帝关于婚姻各方面的准则。

准确航行：根据真理绘制婚姻的路线。总结并列出了每一课的重要原则。

情侣活动：每一课的情侣互动部分。每项活动由以下单元组成：

- 了解实际：引导你们讨论的问题。

- 进行深入了解：自选作业，为积极性较高的情侣设计，进一步学习通常没有涉猎的内容。

- 给再婚人士。

另外，有几课还包括意外收获部分，能够帮助情侣在学习过程中不断深化他们的经历。

特别活动

这五项活动会引导情侣讨论一些重要的问题，并帮助他们对彼此有更多的认识。这些特殊活动包括：

- "个人历史记录单"：旨在帮助他们理解过去，并一起分享。
- "美好的期盼"：会帮助一对情侣了解他们对婚姻的期盼。
- "评估你们的关系"：会提供一个构架，就他们的关系提出颇具挑战性的问题。
- "决策指南"：旨在帮助他们分辨上帝对他们的心意。
- "纯洁之约"：提供了一个机会，让他们决定在婚前保持纯洁的性关系。

导师夫妇介绍

1. 我们（导师夫妇）愿意让你们观察我们的婚姻，向我们提出问题，并和你们分享我们的成功和失败。
2. 所有的导师夫妇都要经过训练，通过教会选拔。
3. 你们要和我们单独见次面。（如果采用小组的形式，还要告诉他们小组分享会有多少次。）
4. 我们愿意成为你们将来的帮助和朋友。

教会有关婚期的规定

____

你的第一次辅导

日期：____________________________________

地点：____________________________________

时间：____________________________________

家庭生活 ·婚姻会议

我们鼓励你们参加家庭生活 ·婚姻会议。在你做出关乎婚姻这一重要决定的过程中，这个大会只会让你更加成熟。

采访总结

见面后完成

1.你对这一对情侣的总体印象如何？

____

____

____

2.这对情侣在感情上的成熟度如何?

3.他们各人属灵生命的成熟度如何?

4.他们展示出的哪些强项,有助于他们关系的发展?

5.需要进一步探究的问题/注意事项有哪些?

6.他们是否熟悉教会有关结婚的规定?

　　□ 是　　　　□ 否

7.你是否跟他们分享了福音？

　　　　　　□ 是　　　　　　□ 否

分享结果：

____

8.其他评语：

____

____

第五章

《学习手册》说明

　　下面是各课及各项情侣特别活动的建议和说明，按照它们在个人手册中的顺序一一列出。

　　在每课及每项活动中，我们都备有总论。在绝大多数课程和活动中，我们还提出了一些建议，供你辅导情侣时使用。

　　正如我们在前一课所述，引导情侣完成学习，有几种选择：

- 如果你自己带领一对情侣学习，我们假定你在一起学习"了解情况"和"认识真理"部分时，会按照问题出现的顺序依次提出所有问题。

- 如果你在情侣独自完成每一课及"情侣活动"后和他们见面，在这里可以找到每一课建议讨论的问题。

- 如果你在小组学习后与一对情侣见面，在这里也可以找到每一课建议讨论的问题。

- 如果你辅导的情侣中有一个人或两个人结过婚，一定要问他们是怎样回答"情侣活动"结束后的每个问题的。

特别活动1　个人历史记录单

1.虽然情侣彼此间有很多了解，但这份记录单仍然会帮助他们加深认识！它也会帮助所有人对过去带来的各种问题保持警惕。绝大多数情侣没有意识到，他们其实并不了解婚姻。换言之，他们不了解过去的问题如何对他们的婚姻产生了影响。例如，今天有越来越多即将结婚的年轻人，生长在离婚或其他问题导致的破裂家庭中。他们看到的是婚姻的失败，更多人可能从来不曾看到过一个正常运转的婚姻。如果不能诚实地面对过去，判断过去对他们的影响，那么，他们的婚姻可能会走上同样的道路。

2.《哥林多后书》五章17节告诉我们，我们"在基督里是新造的人"。有些基督徒可能会引用这经节文，否认过去的影响。我们得到了赦免，这没有错。但是，我们在基督里的新生命并不意味着过去的伤疤就没有了踪影。我们的选择一定会带来或好或坏的结果。父母做出的选择同样如此。

3.我们建议情侣独自填写记录单中的各项内容，然后一起分享。当你与他们单独见面时，在某些时候，你应该和他们讨论这项活动。你可能没有时间和他们一起讨论记录单上的所有内容，以下是对你们讨论的顺序的建议：

　　a.提问："你们对个人历史记录单有何看法？"

　　b.提问："你知道对方哪些最有趣或最重要的事？"

c.在"第一项：你的浪漫史"部分，问他们是怎样回答"你的浪漫故事"问题2和"关于友谊"问题2的。

d.在"第二项：你的家庭"部分，问他们是如何回答"家庭环境"和"父母"这两项问题的。

要留意讨论过程中出现的所有重要问题。例如，如果女方提到自己年幼时父亲抛弃了家庭，你也许想在现在或将来更加详细地讨论这种情形。

4.导师分享：花几分钟时间浏览一下个人历史记录单，和他们分享你希望自己在婚前就能讨论的问题。你和配偶也许来自于社会地位、经济和人际关系等方面都有很大不同的家庭。讲讲你们婚前不了解的事，以及在具体生活中了解双方的家庭背景给你们带来了哪些帮助（或者，如果你们在婚前能了解双方的家庭背景，会给你们带来哪些帮助）。

5.如果你有机会与情侣个别谈话，可以问他（她）对于谈论过去是否感到很困难，以及感到困难的原因。询问他（她）对于某些过去的事情是否不愿意与人分享。

6.在第三课结束后的"情侣活动"部分，情侣会讨论到"第三部分：你的生命历程"。

特别活动2　美好的期待

1.每个人对婚姻都会有所期待。许多期待说不上好与坏，但是，当这些期待与配偶的期待发生冲突时，就会出现麻烦。没有得到满足的期待会产生需求，而需求会导致操纵，并进一步带来冲突。

绝大多数情侣在婚前对婚姻的期待想得很少。事实上，许多夫妇用了几年的时间才意识到他们在进入婚姻时有所期待。这项活动的目的有两个：发现自己对婚姻的一些期待，并提醒情侣他们需要讨论各自的期待。

2. 期待主要源于过去的经历，所以，设法了解他们的家庭背景非常重要。从生活背景的差异中就可以看出他们是否经历了由期待带来的一些痛苦。

3. 这项活动可以在任何时候完成，但我们建议：情侣在开始正式学习之前，最好能先做这项活动。

4. 这项活动的第一部分是有关婚姻期待的概述，以及对"幻想和现实"的讨论。在这里，情侣会直面几个常见的，可能给婚姻带来严重伤害的期待。婚姻是一项美妙的制度，然而，进入婚姻的毕竟都是人。情侣需要了解：

- 爱和激情这些强烈的感觉在婚后会逐渐消失。但是，如果我们重视浪漫，这些感情通常可以复燃。

- 婚后的生活并不像订婚时那样常常令人感到心潮澎湃。

- 通常情况下，婚姻不能治疗孤独。

- 尽管上帝将两个人带到一起能相互成全，他们却不会满足对方的一切需要。有一些需求只有他人才能满足，也有一些需求唯有上帝才能满足。

- 不能抱着让配偶变得更好的念头结婚。这种情况的确有可能发生，但是，此事发生的概率与不发生的概率几乎相等。

- 与一个基督徒结婚并不是建造合一婚姻的最后一步，而是开始。因此，与一个经常谦卑行在上帝面前的人结婚，应该成为更重要的标准。

5. 与个人历史记录单一样，你也会与接受辅导的情侣一起讨论有关婚姻期待的主题。你可能想对这个主题有一个总体上的讨论，然后强调几个方面，避免他们婚后不久便产生冲突。

下面是对讨论顺序的建议：

a.提问："你们是否讨论过期待这个主题?"

b.询问他们对"幻想和现实"这部分的问题是怎样回答的。

c.询问他们是否一起讨论过自己填写的美好期待调查表，是否应用了"指导原则"和"讨论期待"所列出的建议。

d.在美好期待调查表中，问他们是怎样回答下列问题的：

- "婚姻关系"部分问题1；
- "财务管理"部分问题1至问题6（另一种做法是，保留这些问题，等到第五课结束后你与他们见面时再讨论）；
- "住房问题"部分问题3和问题4；
- "家务管理"部分问题1至问题4；
- "养育孩子"部分问题1和问题2；
- "节日/假期/特别的日子"部分问题1；
- "父母及其他亲属"部分问题5；
- "性生活"部分问题1和问题2（另一种做法是，保留这些问题，等到第六课结束后你与他们见面时再讨论）。

6.导师分享：与在个人历史记录单部分的做法一样，浏览一遍问题，想想自己没有在婚前讨论过就带入了婚姻的一些具体期待。例如，刚结婚时，你可能期待每年都与父母在一起过圣诞节。然而，你后来发现，你的配偶也期待与他（她）的父母一起过圣诞节。讲讲这个分歧是如何解决的（或者一直无法解决）。

第一课 为什么结婚

1. 绝大多数情侣对《圣经》对于建造婚姻和家庭的教导知之甚少。本课和下一课通过详细查考《创世记》第一章和第二章，介绍了婚姻的计划。在本课的最后，情侣应该明白：婚姻是一种比他们想象中还要重要的制度，其核心是一个男人、一个女人和上帝的属灵关系。第二课在此基础上，介绍了夫妻合一的原则。

2. 同时，这两课会带领情侣逐步意识到，为了构筑一个坚固的婚姻，他们需要严肃对待婚姻的誓言。他们需要互相接纳，视对方为上帝所预备的，并一生委身于婚姻中的合一。如果不能向对方做出这样的委身，那么，他们应该取消结婚计划或者将婚期推后，再作计划。

3. "了解情况"以鲍伯和雪莉的故事开始，讲述了他们通往婚姻合一所走过的道路。可以让情侣自由讨论这样的案例，从假设的情形中学习，而不会感到受威胁——虽然虚构的故事也许与他们的经历非常相似。

这个故事主要讲述鲍伯和雪莉怎样相识并决定结婚一事。因为许多情侣都是在对如何经营婚姻一无所知的情况下进入婚姻的，所以，它在许多方面都具有代表性。

4. "认识真理"部分讨论《创世记》所描述的婚姻的三个旨意：

    a. 彼此完全：许多情侣认识到了彼此之间的差异，因此能够理解这个概念，甚至会从积极的角度来看待这些差异。婚后，他们可能会持不同的看法。对结婚五年或五年以上的夫妇来说，思考如何更深入地彼此完全，有时会带来许多新的发现。

b.增加敬虔的后代：虽然绝大多数情侣都想有一个家庭，但是，相当多的人结婚后根本不想要孩子。有些人想集中精力在职业上有所发展，有些人相信他们不会做好父母。《圣经》并没有将生养后代仅仅视为一种选择，这些情侣需要接受为人父母的挑战。有些夫妇不能生养孩子，但是，那些能够生养的夫妇需要花时间权衡自己的愿望。

c.绝大多数不想要孩子的情侣，很少思考抚育后代的重要性。在这部分学习中可以带动他们讨论什么时候想要孩子，以及他们抚育孩子的观念等。

d.反映出上帝的形象：这是情侣们在通常情况下最难理解的部分。最后一段内容很关键："人们在你的婚姻中能够看到什么?是两个人利用彼此满足各自的需要，除了经历自私导致的冲突外，并没有经历什么;还是两个不完全的人决定无条件地爱对方，并用爱去关心其他人?在一个婚姻失败率为50%的时代，成功的婚姻见证了上帝的爱和能力。"

5.因为这是第一课，对情侣而言可能大部分信息都是新的，不要过于强求他们将这些原则应用在他们的关系中。在下一课，你会有机会向他们提出更有力的挑战。

6.要鼓励情侣完成"情侣活动"结尾部分的"父母的智慧"。这项活动会帮助他们学到更多有关婚姻的知识，也会为他们提供与父母沟通的机会。

7.导师分享：在讨论上帝如何将一个男人和一个女人带到一起，让他们彼此完全时，给情侣讲一讲你和你的配偶彼此

完全的一些不同方式。告诉他们，甚至在结婚几年后，你还在继续学习中。

如果你有孩子，那么在"留下敬虔的后代"部分，可以谈一谈你们作为父母的一些目标。告诉他们，为了帮助孩子不断成长，你们做了什么。

如果你能给情侣举例说明自己怎样在父母或你认识的某个人身上看到了上帝的部分性情，那么，他们会更加清楚地认识到这一点。

如果你在情侣独自完成本课后与他们见面：

a.提问："学完这一课，就上帝对婚姻的旨意，你们学到了什么?"

b.提问："在这一课的学习中，你们对自己有了哪些认识?"

c.提问："在这一课的学习中，你对未婚妻(夫)有了哪些认识?"

d.在"了解情况"部分，问他们是怎样回答问题2的。

e.在"认识真理"部分，问他们是怎样回答问题1和问题5的。

f.在"情侣活动"部分，问他们是怎样回答问题2和问题3的。另外，如果有人结过婚，请讨论"给再婚人士"部分的所有问题。

如果你在情侣参加小组学习后单独与他们见面：

a.提问："学完这一课，就上帝对婚姻的旨意，你们学到了什么?"

b.提问："在这一课的学习中，你们对自己有了哪些认识?"

c.提问："在这一课的学习中，你对未婚妻(夫)有了哪些认识?"

d.在"认识真理"部分，问他们是怎样回答问题1和问题5的。

e.在"情侣活动"部分，问他们是怎样回答问题2和问题3的。另外，如果有人结过婚，请讨论"给再婚人士"部分的所有问题。

第二课 婚姻方程式

1. 这一课以第一课介绍的真理为基础,延续了《创世记》的故事,并进一步介绍了婚姻的计划。这课在结束时总结了上帝对婚姻的计划,并让情侣直面两个重要的问题。在继续前行、进入婚姻之前,他们应该能够积极地回答这两个问题。

2. 在"了解情况"部分,继续讲述鲍伯和雪莉的故事。他们在婚后经历了一些麻烦,这些挣扎突出了许多破坏婚姻和谐的问题。这就直接指向了本课其余部分所讨论的问题。

3. "认识真理"部分介绍了婚姻的四个计划,即为了建造合一的婚姻,情侣们在婚前需要做出的四项重要决定。

- **委身一:彼此接纳。** 这就需要知道,她(他)是否就是上帝为了满足你的需要而赐给你的那一个人。前一课中,情侣检查了各自的优点和弱点,以决定如何彼此完全。他们需要明白,在进入婚姻时不能一心想着改变另一个人,来满足自己对理想配偶的期待。

- **委身二:离开父母。** 离开父母的概念很重要,因为当你结婚时,你和配偶的关系成了更加优先的关系。离开父母并不意味着离弃他们,或者与他们断绝关系。它只是意味着婚姻关系享有更高的优先权,有时,这意味着要做出某些困难的抉择。

刚结婚的人,在许多方面未能离开父母。他们在经济上仍然依靠父母的供应,在情感上更加依赖父母,而不是自己的配偶——他们不能离开父母。在某些情况下,他们住得离

父母很近，常常去看望父母，以至于破坏了让婚姻关系圆满的优先顺序，未能在身体上离开父母。

当父母不放手时，离开父母也特别困难。孩子结婚前，聪明的父母会认真思考这件事，与孩子当面谈论他们的关系会有哪些调整。

- **委身三：与配偶连合**。许多情侣在进入婚姻时都带着这样的想法：如果婚姻不成功，就可以离婚，再找一个试试看。事实上，有些婚姻"专家"甚至宣称这个过程是健康的，因为情侣可以从自己的错误中学习，再度进入婚姻后就能将婚姻建设得更好。

  但是，上帝恨恶离婚。当两个人结婚时，他们立下了神圣的誓约——这是他们与上帝订立的盟约，是一件非常严肃的事。

  通过设立婚约，上帝使婚姻关系从其他各种关系中分别开来。这种新联合产生了一个新的家庭。之所以设计成一夫一妻的婚姻关系，是因为婚姻若想成功，就需要夫妻间完全的信任。一个婚姻关系一旦出现问题就想放弃的人，是很难让人信任的。

- **委身四：成为一体**。许多单身人士相信，性只是爱的一种表达，是彼此认识的一种方式。但是，上帝对亲密的性关系有更多的心意。性是二人连合的最后步骤，这种连合是在婚姻的委身之后，而不是之前。

4. "认识真理"部分以"二人成为一体的婚姻"为题结束。第一课和第二课的所有内容都指向这几段话，通过回答两个重要的问题，向即将迈入婚姻之门的情侣发出挑战。

  因为婚姻的核心是一个男人、一个女人和上帝之间的一种深深的属灵关系，所以，在你辅导一对情侣进入婚姻之前，你必须清楚他们对这两个问题的答案。

这些问题将按顺序带领情侣，直接进入接下来的两项特别活动中，即"评估你们的关系"和"决策指南"。在这两项活动中，他们会深入观察自己在属灵生命和关系方面的和谐程度。

5.导师分享：针对四项委身中的每一项，思考一些你自己婚姻中的事例。关于"彼此接纳"部分，你可以告诉他们：婚后你必须决定不将配偶视为敌人，而要视作上帝为满足你的需要而预备的人。

关于"离开父母"部分，你可以谈谈你们在这方面做出的正确和错误的选择。在这个方面，一个不持任何偏见的成年人，可以帮助一对年轻的情侣树立健康的观念。例如，你可以讲一讲，如何拒绝善意的父母要他们去探望或度假的意愿。

关于"与配偶连合"，你可以告诉他们你必须放弃的一些对婚姻的期望，或者讲一讲朋友和家人因为不能彼此委身而导致离婚的事例。

关于如何讨论"成为一体"部分，可以根据初次面谈时对这方面的讨论结果而定。

如果你在情侣独自完成这一课后与他们见面：

a.提问："学完这一课，关于上帝对婚姻的旨意，你们学到了什么？"

b.提问："在这一课的学习中，你们对自己有了哪些认识？"

c.提问："在这一课的学习中，你对未婚妻（夫）有了哪些认识？"

d.在"了解情况"部分，问他们是怎样回答问题1和问题2的。

e.在"认识真理"部分，问他们是怎样回答问题3及后面所有问题的。

f.询问以他们目前的关系,怎样回答《学习手册》中的两个问题。

如果你在情侣参加小组学习后单独与他们见面:

a.提问:"学完这一课,关于上帝对婚姻的旨意,你们学到了什么?"

b.提问:"在这一课的学习中,你们对自己有什么认识?"

c.提问:"在这一课的学习中,你对未婚妻(夫)有什么认识?"

d.在"认识真理"部分,问他们是怎样回答问题3以及后面所有问题的。

e.询问以他们目前的关系,怎样回答《学习手册》中的两个问题。

特别活动3　评估你们的关系

1.特别活动计划让两个人单独完成后再一起讨论,然后和你讨论。这项活动与"特别活动4:决策指南"密切相关。

2.第一课和第二课带领情侣逐步认识婚姻的计划,并让他们意识到:婚姻是一个男人、一个女人和上帝之间的一种深深的属灵关系。为了建造合一的婚姻,他们必须知道上帝在呼召他们结为夫妻。所以,我们极力建议他们在学完这两课后,完成本项活动和特别活动4。但是,这些活动也可以推后,在《学习手册》结束之前完成。

3.许多情侣在婚前陷入了情感的漩涡。恋爱的狂喜与对委身的恐惧,致使他们难以清醒地去考虑他们的关系。本活动旨在让他们直面两人在属灵生命和关系两方面的和谐性，帮助他们对此进行思考。

4.许多情侣从来没有谈论过两人在信仰方面是否和谐这类棘手的问题，因此遇到了难题。许多人为了得到自己喜欢的人，会假装属灵。例如，一个年轻人喜欢上了一个女孩，他很快注意到上帝在她的生活中很重要。他开始和她去教会，表现出对属灵方面的兴趣。他学会了如何表现得属灵，让她误以为他也认识基督。但是，他在结婚后就很可能对上帝失去了兴趣，让她体会到孤单和背叛的感觉。

5.如果你愿意，可带领一对情侣或一个小组，复习一遍前两项特别活动里的材料。但是，我们建议你将其布置下去，让情侣独自完成作业，然后与你见面。当情侣花时间思考、评估他们的关系时，这些活动将慢慢发挥出真正的力量。

关系的和谐

1.在这一部分，我们首先提供了一张非常简单的表格，来评估一对情侣的个性和性情的契合度。但是，这里的图表只供那些没有牧师、导师等人辅导，而只是在自学的情侣使用。我们极力建议你使用下面这些更好的工具：

你可以订购：

a.有关了解行为取向模式的光盘目录，可从 Team Resources，Inc.订购《互相理解：增进沟通的个人指南》（*Understanding One Another: A Personalized Guide to Better Communication*）。也可以致电从 FamilyLife 订购。

b.泰氏性格分析（Taylor-JohnsonTemperament Analysis）
Robert M. Taylor and Lucile Philips Morrison

Psychological Publicaitons，Inc.

5300 Hollywood，Blvd.

Los Angeles，CA 90027

c.PREPARE 试验

PREPARE Inc.

P. O. Box 190

Minneapolis，MN 55440

d.迈布二氏类型分析法（Myers–Briggs Type Indicator）

Consulting Psychologists Press

3803 East Bayshore Road

Palo Alto，CA94303

2.本章第二部分列出了给婚姻关系带来迷惑的一些因素，它们通常会让考虑结婚的人思维混乱。如果你在情侣独自完成作业后与他们见面，就要向他们提问："哪些带来迷惑的因素存在于你们的关系中？"

请注意，许多情侣无法分辨这些迷惑因素是否存在。这就为你提供了机会，与他们谈论你注意到的给他们带来困惑的任何因素。

3.本章最后一部分列出了关系中的"危险信号"，这都是两人关系中很严重的问题。如果在婚前没有面对并解决好这些问题，就会带来严重的问题。事实上，有些问题可能会促使你极力劝诫他们中止关系。

当你和情侣见面时，可以询问是否在他们的关系中发现了危险信号，并准备好讨论他们提及的危险信号。如果你感觉他们两个人中有人不愿意回答这个问题，可以单独向他（她）提出这个问题。也许他（她）只是害怕在未婚妻（夫）

面前提到这个主题。

4.有些情侣陷在情感的漩涡中，急于向婚姻挺进，以至于未能回答这种关系是否方向正确之类的尖锐问题。还有人可能虽然心存疑惑，但是，他们无法面对在婚礼前夕暂停结婚计划所带来的尴尬。如果你感到接受辅导的情侣有这种情况发生，那么，你需要向他们提出两个方面的挑战：

首先，请他们寻求上帝的话语以及可信赖之人的引导。正如浓雾使我们看不清熟悉的建筑和界标，以至于模糊了事实，情感也会让他们无法看到他们关系的真实情况。

阅读《诗篇》一百一十九篇105节和130节："你的话是我脚前的灯，是我路上的光。……你的言语一解开，就发出亮光，使愚人通达。"你要多学习《圣经》，并用它指导你的生活。

《箴言》十一章14节提到了指导的另一个源头——可靠的谋士："无智谋，民就败落；谋士多，人便安居。"

他们的朋友和家人怎么说？如果绝大多数人对这种关系持保留态度，那么，他们应当理智地知道原因何在。如果只有一两个人不喜欢他们结婚，你可以将反对意见归结为性格差异或自私等。但是，如果有许多家人和朋友反对，很可能是情感使他们失去了判断力。

其次，请他们花时间做出一个明智的决定。询问他们是否交往的时间已经足够长，足以做出合理的决定。如果六个月或十二个月以后再结婚，他们认为各有哪些利弊。

如果两人彼此合适，他们的关系会经得起时间的考验。毕竟，他们即将做出彼此委身、爱对方、服侍对方的终身决定。只有当他们花了必要的时间，明白是否真的能够如此委身时，两个人的关系才有意义。

特别活动 4　　决策指南

1.这项活动旨在引导情侣决定他们是否应该结婚。虽然我们鼓励他们在完成"评估你们的关系"后不久就去完成这项活动，但是，现在不应该让情侣感到有必须做出决定的压力。如果你现在辅导的一对情侣正在犹豫和挣扎中，要鼓励他们将这部分内容通读一遍，并在《学习手册》剩余部分的学习过程中，时常回想起本章的概念。

2.如果你愿意，可以在这两项特别活动中，带一对情侣或一个小组。但是，我们建议：你可以布置作业后让情侣独自完成，然后与你见面。

3.这项活动的第一部分解释了按照《圣经》做决定的组成要素。当你与情侣见面时，问他们是否明白这部分内容。然后，回到标题部分：你的车轮看上去如何？你要询问他们是怎样回答这个问题的。

4.第二部分引导情侣完成了一个决策过程。和他们一起进行决策的五个步骤，并提问：

- 你们都曾经与上帝独处过吗？花了多少时间？
- 你们是否宣告过愿意遵行上帝的旨意？这件事为什么很重要？
- 你们是否诚实地评估了你们的关系？
- 你们认为对方是上帝的赐予吗？为什么？
- 你们认为什么时候结婚合适？为什么？

5.稍后，你可能想与每个人单独证实这一决定。当你感到有人在做这项决定时并不完全诚实，或者不务实，这样的证实就会尤为重要。

第三课 真正的沟通

1. 许多情侣在订婚期间沟通得很好，他们无法理解结婚后怎么会出现沟通困难的问题。他们忽略了自己注意到的其他已婚夫妇出现的沟通方面的问题，尤其是他们的父母在这方面的问题。

   这一课旨在教导情侣掌握一些基本的沟通和解决冲突的技能，帮助他们避免"婚姻滑坡"。

2. 在我们的文化中，冲突越来越难以解决。冲突没有得到解决，就会带来孤独、孤立以及身体和情感上的虐待。最坏的情况会导致攻击和死亡。情侣在这一课中，将讨论他们解决过那些冲突，以及是如何解决冲突的。他们也将学习饶恕的重要性。

3. 一定要鼓励情侣完成本课最后的"情侣面谈"部分，这可能是整本手册中最快乐的活动之一。他们可以和你们或其他夫妻一起完成这项活动。

4. 在"了解情况"部分，鲍伯和雪莉的故事会告诫情侣：婚后不久很容易出现沟通方面的问题。

5. "认识真理"部分介绍了有关沟通的三个功课：

   - 聆听并理解；

   - 表达自己，让人理解；

   - 解决冲突。

绝大多数材料非常直白。对于有些情侣来说，这些教导并不新鲜。问题在于这些教导在他们的生活和关系中应用得如何。

6.导师分享：对你来说，这是一个具体应用本课中有关《圣经》教导的绝好机会。浏览这三个主题（聆听并理解；表达自己，以便让人理解；解决冲突），回想自己的婚姻，针对各个主题举出一些失败和成功的事例。告诉他们你曾经聆听和没有聆听配偶谈话的事例。想一想哪些冲突你们解决得很好，哪些冲突还没有解决。告诉他们，当你不能很好地解决冲突时，将独自面对哪些后果。

另外，告诉他们：他们结婚后将面临的许多问题并不是因为缺乏聆听、表达或解决冲突的技巧引起的，而是因为根本没有沟通！正因为如此，这次学习包含了许多互动，能帮助情侣在婚前练习沟通，好让他们在婚后也能继续沟通下去。

如果你在情侣独自完成这一课后与他们见面：

a.提问："学完这一课，就沟通和冲突，你们学到了什么？"

b.提问："在这一课的学习中，你们对自己有了哪些认识？"

c.提问："在这一课的学习中，你对未婚妻（夫）有了哪些认识？"

d.在"了解情况"部分，问他们是怎样回答案例研究后面的问题1和问题2的。

e.在"认识真理"部分，问他们是怎样回答"聆听并理解"问题1至问题3，以及"表达自己，让人理解"问题1，"解决冲突"问题2至问题4的。

f.询问他们在"情侣活动"部分是怎样回答问题3至问题8的。另外，如果有人结过婚，请讨论"给再婚人士"部分的所有问题。

如果你在情侣参加小组学习后单独与他们见面：

a.提问："学完这一课，就沟通和冲突，你们学到了什么？"

b.提问："在这一课的学习中，你们对自己有了哪些认识？"

c.提问："在这一课的学习中，你对未婚妻（夫）有了哪些认识？"

d.询问他们在"情侣活动"部分是怎样回答问题3至问题8的。另外，如果有人结过婚，请讨论"给再婚人士"部分的所有问题。

第四课 角色与责任

1.这一课的目的非常简单，就是为情侣提供《圣经》对婚姻中夫妻角色的观念和原则。过去几十年来，我们的文化不厌其烦地攻击《圣经》中的男女角色和性别观念，所以，对许多夫妇而言，这会是一个困难的主题。今天，美国绝大多数成年人对男女差异以及彼此应该如何互动感到极其困惑。

作为导师，认真掌握你所相信的《圣经》有关婚姻中夫妻角色的教导，是非常重要的。我们极力推荐罗伯特·路易斯和威廉姆·亨德里克（William Hendricks）合著《角色的震撼》（*Rocking the Roles*）一书。

2. 要注意，这一课可能是《学习手册》中篇幅最长的。带领小组学习这一课时，你可以多安排一些时间，或者分两次完成。

3.在这一课中，要让情侣思考当今文化对男女角色的描述，以及他们受这种观念影响的程度。可以讨论当前的一些电影或电视连续剧，看看他们对婚姻中的夫妻角色是如何描述的。

4. 在"了解情况"部分,带领情侣看到:丈夫的核心角色是仆人式的领袖,妻子的核心角色是助手式的持家者。

   例如,当许多人听到将丈夫的核心角色描述为"领袖"时,就会公式化地认为婚姻中的领袖很自私,是用铁拳治理家庭的暴君。

5. 许多男人放弃了在家庭中的领导权,变得很被动。事实上,今天有许多结婚的男人认为他们在婚后就应当如此。本课的一个主要功课就是让男性承担责任,在家庭中主动成为属灵的领袖。

6. 导师分享:告诉他们在婚姻中你们担当的角色与责任,以及你们是如何分工合作的。你可以讲一讲你曾经认为的夫妻的角色是什么,以及你是如何转变的。要诚实面对自己的错误以及经历的挣扎。

如果你在情侣独自完成这一课后与他们见面:

a. 提问:"学完这一课,就夫妻的角色,你们学到了什么?"

b. 提问:"在这一课的学习中,你们对自己有哪些认识?"

c. 提问:"在这一课的学习中,你对未婚妻(夫)有哪些认识?"

d. 在"了解情况"部分,问他们是怎样回答案例研究后面的问题2和问题3的。

e. 在"认识真理"部分"上帝对丈夫核心角色的定义"项下,提问:"'丈夫要爱妻子,正如基督爱教会'意味着什么?"然后,问他们是怎样回答问题4的。最后,问一问他们是否明白"顺服"的含义。

f. 在"认识真理"部分"上帝对妻子核心角色的定义"项下,问"'妻子要做一个助手'这句话意味着什么?"然后,问他们是怎样回答问题1至问题5的。

g.在"情侣活动"部分,问他们是怎样回答问题2至问题4
的。另外,如果有人结过婚,请讨论"给再婚人士"部分的
所有问题。

h.询问情侣是否完成了意外收获部分的"角色定位声明"。如
果他们还没有完成,要鼓励他们去做。向他们说明:这会帮
助他们认清夫妻的角色,也许婚后他们想再写一次。

如果你在情侣参加小组学习后单独与他们见面:

a.提问:"学完这一课,就夫妻的角色,你们学到了什么?"

b.提问:"在这一课的学习中,你们对自己有哪些认识?"

c.提问:"在这一课的学习中,你对未婚妻(大)有哪些认识?"

d.在"认识真理"部分"上帝对丈夫核心角色的定义"项下,问
"'丈夫要爱妻子,正如基督爱教会'这句话意味着什么?"
然后,问他们是否明白"顺服"的含义。

e.在"认识真理"部分"上帝对妻子核心角色的定义"项下,问
"'妻子要做一个助手'这句话意味着什么?"然后,问他们
是怎样回答问题3和问题4的。

f.在"情侣活动"部分,问他们是怎样回答问题2至问题4的。另
外,如果有人结过婚,请讨论"给再婚人士"部分的所有问题。

g.询问情侣是否完成了意外收获部分的"角色定位声明"。如
果他们还没有完成,要鼓励他们去做。向他们说明:这会
帮助他们认清夫妻的角色,也许婚后他们想再写一次。

第五课 对金钱的态度

1. 这一课的目的是向情侣介绍《圣经》中有关金钱的基本观念，并引导他们讨论结婚前需要解决的几个关键问题。

   我们对金钱的态度很大程度上说明了我们是谁，以及我们相信什么。上帝有可能使用金钱来检验我们的信心，看我们是否愿意信靠他。

2. 许多情侣在结婚前未能深入地讨论这方面的问题。事实上，讨论金钱可能会让他们感到不舒服。有很多结婚五年内就离婚的夫妻认为，金钱方面的冲突是他们分手的主要原因。此事不足为奇。

   对情侣而言，婚前讨论金钱问题是非常必要的。婚姻关系中所出现的问题，在某种程度上都会在金钱上表现出来。正如财务顾问赖瑞·布克（Larry Burkett）所言："金钱是生活中最常见的事物。如果没有就金钱的问题进行沟通，那么你们就根本没有沟通。"

3. 结婚后夫妻面临金钱方面的激烈冲突，通常有许多原因：

   - 很多人在成长过程中接受了许多方面的良好训练，但是从来没有人教过他们应该怎样管理金钱。许多人甚至不知道如何保持支票簿的收支平衡。

   - 越来越多的年轻人正陷入债务当中，特别是使用信用卡带来的消费负债。从事婚前辅导的顾问在报告中指出，他们看到越来越多的情侣在刚结婚时，两个人的信用卡负债加起来超过了1万美元。

   - 上帝通常将性格不同的两个人带到一起。一个喜欢花钱的人常常和一个习惯节约的人配搭在一起，反过来也一样。这些差异很快就会带来冲突。（请注意：与一般人的印象正好相反，在超支一事上，丈夫带来的问题往往比妻子多。财务顾问在报告中指出：当女人超支时，她们多半把钱花在食品和衣服上；当男人超支时，他们往往把钱花在像汽车和游艇之类的昂贵物品上。）

- 许多情侣在婚后第一年就做出了不明智的财务决定。他们花了一大笔钱来购买新车或新房。赖瑞·布克建议情侣在婚后第一年不要购车，也不要买房。

- 情侣通常不想讨论金钱方面的问题，所以，他们总是回避这个可能破坏他们关系的问题。

4. 既然管理不好金钱会给婚姻带来如此严重的问题，所以要仔细留意辅导对象在金钱上是否流露出任何不负责任的态度。一个危险的信号就可能预示着信用卡上的一大笔负债。如果你觉得他们在这方面的问题很严重，要建议他们推迟结婚6至12个月，好让他们有时间来解决问题、消除债务。也许，他们对这种观点心怀抵触，认为自己结婚后一定能很快解决这方面的问题。但是，这种态度只能证明你的观点是正确的：他们并没有意识到婚后面临的问题将有多么严重。

5. 在"了解情况"部分，你会看到鲍伯和雪莉故事的最后一段。案例研究的这一部分，详细说明了一对情侣在结婚后需要做出的各种财务决定。

6. 导师分享：告诉情侣，你们在婚姻中是如何管理金钱的。告诉他们，你们是如何统筹安排金钱，以及你们夫妻俩是如何决策的。

谈谈你做得很好或很不好的方面，要尽可能诚实。讲一讲

你们在金钱方面做过的一些错误决定——你们如何做决定，为什么这样做以及你们面临的后果等。

另外，要他们接受挑战，免受这个时代流行的物质主义的影响。我们认为自己需要很多东西，其实只是受了广告、情绪的影响，或者是出于自己的私欲罢了。为了跟随上帝，而不是跟随世界，我们需要详细审查自己对待物质的态度。

如果你在情侣独自完成这一课后与他们见面：

a.提问："学完这一课，就金钱方面，你们学到了什么？"

b.提问："在这一课的学习中，你们对自己有了哪些认识？"

c.提问："在这一课的学习中，你对未婚妻（夫）有了哪些认识？"

d.在"了解情况"部分，问他们是怎样回答案例研究后面的问题1至问题3的。

e.在"认识真理"部分，问他们是怎样回答"这笔钱究竟属于谁？"问题2，"如果上帝是所有者"问题3，以及"讲求实际"问题1的。

f.在"情侣活动"部分，问他们是怎样回答问题2和问题4的。另外，如果有人结过婚，请讨论"给再婚人士"部分的所有问题。

g.问情侣是否完成了意外收获部分的制订预算，如果没有完成，要鼓励他们去做。

如果你在情侣参加小组学习后单独与他们见面：

a.提问："学完这一课，就金钱方面，你们学到了什么？"

b.提问："在这一课的学习中，你们对自己有了哪些认识？"

c.提问："在这一课的学习中，你对未婚妻（夫）有了哪些认识？"

d.在"了解情况"部分,问他们是怎样回答案例研究后面的问题1的。

e.在"情侣活动"部分,问他们是怎样回答问题2和问题4的。另外,如果有人结过婚,请讨论"给再婚人士"部分的所有问题。

f.问情侣是否完成了意外收获部分的制订预算,如果他们没有完成,要鼓励他们去做。

第六课　亲密关系

1.这一课的目的是告诉情侣,《圣经》对性的观念是什么。他们将认识到上帝对性的旨意,以及男性和女性在这方面的差异。

2.今天的许多情侣,可能要在这个领域被"改写程序"。他们深受文化的影响,以至于严重扭曲了有关性纯洁的标准。在你让情侣完成"纯洁之约"的活动时,最好已经讨论过这个问题。如果还没有讨论,那么,现在就和他们一起讨论吧。

3.作为导师,这一课对你来说可能比较困难,因为我们中间有许多人不习惯与其他人讨论性关系。祷告祈求上帝赐给你智慧的言语,让你能以适当的方式开诚布公地谈论这个主题。

4.我们极力建议每对情侣准备好艾德·惠特夫妇(Ed Wheat 和 Gaye Wheat)合著的《浓情蜜意》(*Intended for Pleasure*)一书,并在婚前最后一个月一起读。

5."了解情况"部分旨在帮助情侣思考他们获得性知识的途径。我们中间有许多人都是从不健康的渠道了解性知识的。媒体通常认为:基督徒在谈到这些问题时过于拘谨,是过分狭隘的狂热分子。

6. "认识真理"部分首先介绍了对待性关系的正确观念：性来自于上帝的设计，它不只是一种生理上的行为，而是夫妻之间亲密沟通的过程。接下来的内容讨论了上帝对性的目的：繁殖后代、彼此愉悦并保护他们免于犯罪等。最后有一个图表，解释了男性和女性在这方面的差异。

7. 一定要提到"情侣活动"结束后的那一部分："关于过去：我要分享多少?"你不必读给他们听，但是要向他们说明：如果他们不知道应当分享多少过去的事的话，可以先找你咨询。

8. 导师分享：可以比较隐晦地告诉他们，你们夫妻犯过的一些错误。"认识真理"部分有关男性和女性差异的内容，会给你提供一些好点子。告诉他们你结婚时对性的期待，以及这些期待怎样影响了你的态度和行为。谈一谈为了维持婚姻的浪漫及激情，你做了什么。

你应该和他们单独谈话。如果夫妇一起辅导，你和配偶可以分别与同性的一方谈话。要更加直接地提问，他们对蜜月期间及结婚后第一年的性关系有哪些期待。问问他们是否有什么恐惧或疑问。

如果你在情侣独自完成这一课后与他们见面：

a. 提问："学完这一课，你们学到了什么?"

b. 提问："在这一课的学习中，你们对自己有了哪些认识?"

c. 提问："在这一课的学习中，你对未婚妻（夫）有了哪些认识?"

d. 在"了解情况"部分，问他们是怎样回答问题1至问题3的。

e. 在"认识真理"部分，问他们是怎样回答问题1，以及"正确的目的"问题4和问题5，"理解我们的差异"问题1至问题3的。

f. 在"情侣活动"部分，问他们是怎样回答问题2至问题4的。

另外，如果有人结过婚，请讨论"给再婚人士"的所有问题。

如果你在情侣参加小组学习后单独与他们见面：

 a.提问："学完这一课，你们学到了什么？"

 b.提问："在这一课的学习中，你们对自己有哪些认识？"

 c.提问："在这一课的学习中，你对未婚妻（夫）有哪些认识？"

 d.在"情侣活动"部分，问他们是怎样回答问题2至问题4的。

  另外，如果有人结过婚，请讨论"给再婚人士"的所有问题。

最后一项活动

所有课程将以这一项简短的活动作为结束。情侣可以单独完成这项活动。你要鼓励他们完成，然后在最后一次课上和你一起讨论。

这项活动首先让他们思考一下是否决定结婚。它是建造在耶稣基督的根基上的牢固关系吗？他们是否做好了彼此委身的准备？如果是，你可以要求他们签署一份声明，表明他们决定接纳对方。

特别活动5　纯洁之约

1.我们建议让情侣在学完《学习手册》之前完成这项活动，特别建议在进行"特别活动3：评估你们的关系"的过程中完成这项活动。

2.在当今的文化中，要想在婚前不发生性关系已经变得越来

越困难。在这方面，许多基督徒在婚前就已经妥协了。但是，上帝的标准是明确的，他要我们保持纯洁。

3.这项活动有两个目的。第一个目的是，简短地定义有关纯洁的《圣经》标准。第二个目的是，让情侣签署一份"纯洁之约"。在这份约定中，他们要承诺将双方的纯洁保持到蜜月。

4.你要勇敢地向情侣们发出挑战，直接问他们是否保持了纯洁。你还需要劝勉他们在婚前不要发生肉体关系。

情侣婚前评估

请在课程结束后填写评估表。

情侣　　　　　　　**导师夫妇**

男＿＿＿＿＿＿　　　　男＿＿＿＿＿＿

女＿＿＿＿＿＿　　　　女＿＿＿＿＿＿

1.在这对情侣参加的课程上划圈。

　　　　1　　　2　　　3　　　4　　　5　　　6

评语：＿＿＿＿＿＿＿＿＿＿＿＿＿＿＿＿＿＿＿＿＿＿＿＿

＿＿＿＿＿＿＿＿＿＿＿＿＿＿＿＿＿＿＿＿＿＿＿＿＿＿＿

2.在这对情侣完成作业的课程上划圈。

　　　　1　　　2　　　3　　　4　　　5　　　6

3.你是否读过这对情侣的"个人历史记录单"？

　　□　是　　　　　□　否

4.这对情侣是否与他们的父母讨论过姻亲问题?

　　□　是　　　　　□　否

5.这对情侣是否从个性测试表格中得到了充分的信息?

　　□　是　　　　　□　否

6.除了小组活动,你与这对情侣见过几次面?

7.在这段时间里,这对情侣是否保持了纯洁的性关系?

　　□　是　　　　　□　否

8.观察:如果答案为"是",请在方框内做记号。

	男	女
a.他们在聆听和沟通方面是否做得很好?	□	□
b.他们是否相互适应?	□	□
c.他们是否善于学习?	□	□
d.他们是否对基督徒的婚姻有一个实际的看法?	□	□
e.他们是否能够对彼此的过去有一个合理的认识?	□	□
f.他们是否拥有解决冲突的良好技巧?	□	□
g.在他们的生活方式中,耶稣基督是否很重要?	□	□

h.这对情侣在其他方面表现出了哪些优点?

____

____

i.你建议他们在哪些方面不断改善?

____

____

____

9.你认为通过这次学习,这对情侣的关系有什么长进?

10. 你是否建议这对情侣结婚?为什么?

你是否建议他们推迟婚礼的计划?为什么?推迟多久?

11.结婚后,为了进一步坚固他们的关系,你会提出哪些特别
的建议?